人生沒有如果，堅持就有好結果

戴晨志／著

晨星出版

CONTENTS

自序　人生沒有後悔藥，人生沒有早知道……7

Chapter 1

敢突破，人生由你作主

01 做事不貪大，做人不計小……18

02 若要人前顯貴，就要人後受罪……25

03 光說不練，是不會成功的……32

04 在天很黑的時候，星星就會出現……39

05 成功，來自夢想與實踐……47

06 心念有多大，世界就有多大……55

Chapter 2

轉個念，就是幸福開始

07 別太早論斷孩子未來的成就……66

08 勇敢開口，就會遇見天使……73

09 心的寬度，決定路的長度……80
10 幸福的想法，帶來幸福的人生……87
11 美好日子，千萬別拿來生氣……94
12 少怒氣，才會多福氣……101

Chapter 3 好態度，成為內在贏家

13 沒有魔法，只有基本功……112
14 相信自己，是具有魔力的……119
15 人的態度，就是自己的形象廣告……126
16 自信，是輸贏勝敗的關鍵……133
17 要守住成功，一直走在巔峰……140
18 熱情不斷，微笑展現自信……147

Chapter 4

夠堅持，夢想就不遠了

19 自己的實力，才是最佳保障……158
20 世界，是屬於有勇氣的人……165
21 認真敬業，讓幸運找上你……172
22 要當一隻飛越寒冬的孤雁……179
23 「品牌、專利、人才」是致勝三寶……187

Chapter 5

有自尊，就會受人敬重

24 想抓住兩隻兔子，必一無所獲……198
25 把他人智慧，放進自己的腦袋……206
26 合理的嚴格，就是慈悲……214
27 自尊，是一個人成功的基石……221
28 別躺在功勞簿上睡大覺……229

自序

人生沒有後悔藥 人生沒有早知道

戴晨志

在許多演講場合中，我總是和聽眾們分享——

我年輕時沒考上大學，只唸國立藝專廣電科；但我每天寫日記，三年未曾間斷，多年後，我以第一名的成績，考上當時只有三家電視台中的其中一家——中華電視公司採訪記者。

在藝專念書時，我也養成每天朗讀文章、報紙的好習慣，沒想到，我考上電視台，之後也當上了世新大學口語傳播系創系主任；後來，也靠著寫作與演講，在海內外四處受邀分享，讓我的生活變得更多彩多姿。

所以，「**時間花在哪裡，成就就在那裡。**」

真的，「**人生沒有後悔藥。**」

我們的人生，都沒有劇本，不能彩排，也無法重來。

我們都無法說「早知道」。其實，我年輕時，哪知道每天寫日記，竟然對我有那麼大的幫助？除了訓練自己的文筆、腦袋、構思、筆觸之外，也讓我後來的生命，寫了五十餘本書。

當時，我每天朗讀，訓練自己的聲音、參加詩歌朗誦、演講、辯論比賽，哪知道自己後來會當了電視記者、大學系主任，甚至擔任講師，四處受邀請上台演講、分享？

「人生沒有後悔藥，人生沒有早知道；

人生也沒有如果，但堅持，就會有好結果！」

我們就是堅持自己所愛，愛你的選擇，不斷地追尋、付出、奮鬥、向前努力，人生就一定會有美好果實與成就啊！

肯學習、肯付出，才有機會

最近，大葉大學校方集結多位成功人士的實際案例，出版了《肯，才有機會》一書。

書中提出「四肯精神——肯學、肯做、肯付出、肯負責」；告訴年輕朋友們，「四肯精神」並不是好高騖遠的口號，而是可以積極落實的務實態度——「只要你願意，肯學習、肯苦幹、肯全力付出、肯為自己人生負責」，就一定可以將自己培育成傑出、不凡的好人才！

大陸作家七堇年說：「**人生如路，須在荒涼中走出繁華風景。**」

的確，人生的道路，哪可能一開始就是繁華、美麗、精彩、繽紛的風景？都必須秉持著「我願意學習、付出、鍥而不捨、堅持到底」的精神，才能在荒涼中，走出繁華的風景。

所以，我們都不一定是「天才」，但因著我們的堅定信念與努力堅持，都一定可以成為「好人才」！

今年不做，明年更難做到

前一陣子，胃腸科醫生說我身材太胖了，肚子脂肪太多，會造成胃食道逆流；甚至，胃酸會影響聲帶。聽醫生這麼一講，我開始警惕了。我不能再縱容我的體重了，我必須決心減肥，控制一下自己的食慾並多加運動。

也因此，我盡量早晚走路、小跑步運動、流汗，假日爬山、少吃油炸食物……終於，瘦了五、六公斤下來。

後來，我在電視上，看見低音歌后蔡琴小姐說，她之前是沒有腰身的，曾經圓臉、胖腰；但後來看到香港明星張家輝主演電影「激戰」，他竟然以四十八歲的年齡，硬是練出滿身肌肉、六塊腹肌，其辛苦過程，真是難以想像。

張家輝在受訪時被問到：「你是怎麼做到的？」

張家輝說：「**我今年四十八歲，我現在不做，明年更難做到……**」

這段話，打動了蔡琴。於是，她開始追隨張家輝的精神——嚴格控制自己的飲食，而且嚴格自律，強迫自己「每天做二百五十下仰臥起坐」，來勤練身體，以致讓她站在舞台上，成為一個身材曼妙、體態輕盈的歌手！

天哪，一天做二百五十下仰臥起坐？那是多麼困難啊！

但是，「**心不難，事就不難。**」事在人為。

「做」與「不做」，就在自己的一念之間。

做了，體重就減輕了，腰身就出來了。不做，也是一種選擇；不做，上了年紀，臉就圓了，腰也沒了，腹部就大一號了，身材就走樣了……

改變，就從1%開始

年輕時，我不諱言，為了一圓出國留學的夢想，我考了八次托福考試、失業兩年半，才出國進修、唸廣電碩士學位。假如，我當時只考了五次、六次，甚至七次就放棄了；後來，我就不會當上電視記者、大學系主任，或是四處受邀演講的講師。

「放棄，只要一句話；成功，卻需要一輩子的堅持。」

假如，我當時沒有堅持「非托福通過不可」；如今，就一定會後悔，也可能會說「如果我當時再堅持一點就好！」

可是，人生真的沒有後悔藥，也沒有如果啊！

人生就是——「**上半輩子不猶豫，下半輩子才會不後悔。**」

其實，我們都應該有個精神——「**我不怕嘲笑、我不怕失敗、我害怕的是，面對未來不再有夢想與希望。**」

我們都要——「**敢說、敢做、敢承擔**」、「**敢想、敢要、敢得到。**」

改變，就是要「敢變」。敢變，就是從1%開始。

空想沒有用、抱怨沒有用、後悔沒有用——因為，「機會就在積極行動裡」。

第1章
敢突破，人生由你作主

千秀萬秀，不如用心一做；勇於突破舒適圈，挑戰自我。

有句話說：「若要人前顯貴，就要人後受罪！」
的確，人若不「勇敢突破僵局」，
只是住在「舒適圈」裡一天過一天，
怎會有機會「在人前顯貴」呢？
人，就是要突破舒適圈，
走出一條挑戰自我、邁向巔峰的路；
來換取榮耀無比的生命冠冕。

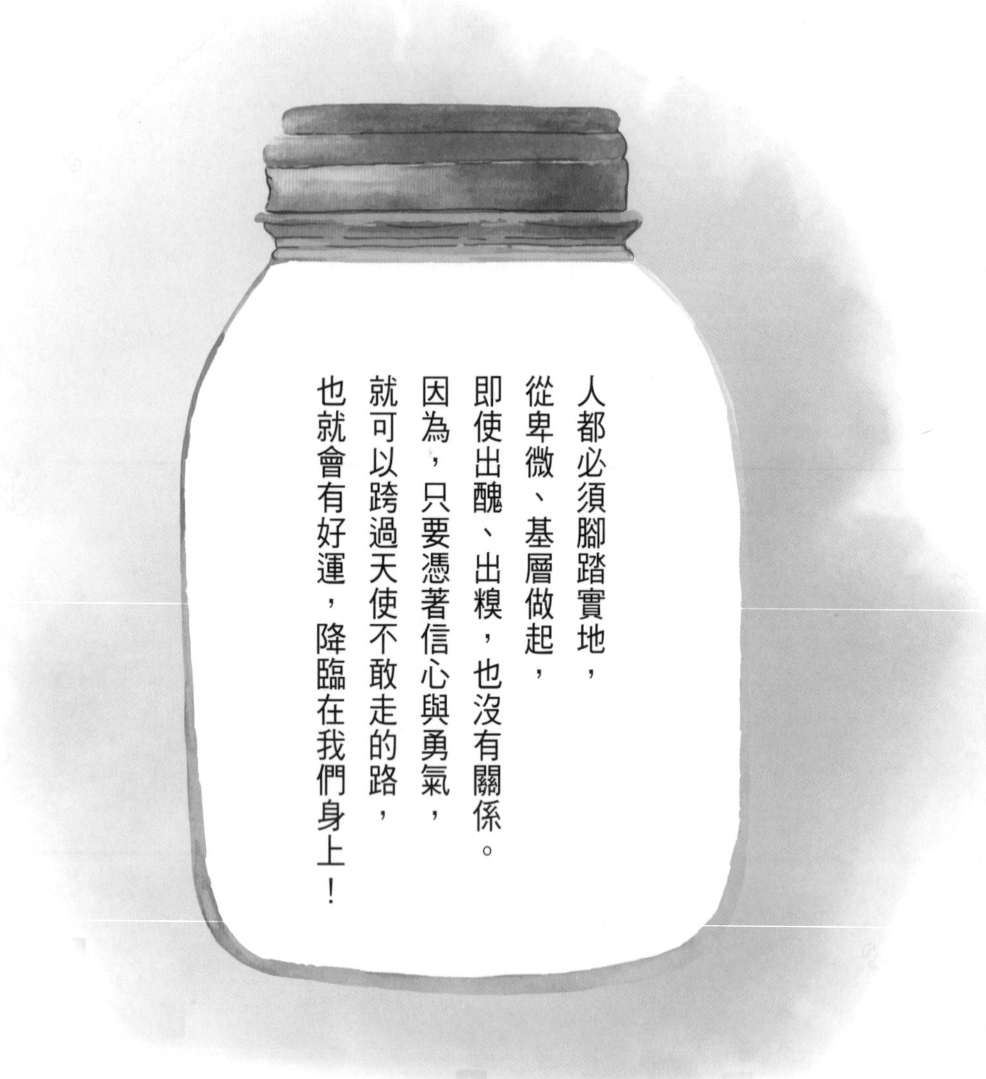

人都必須腳踏實地，
從卑微、基層做起，
即使出醜、出糗，也沒有關係。
因為，只要憑著信心與勇氣，
就可以跨過天使不敢走的路，
也就會有好運，降臨在我們身上！

01

做事不貪大，做人不計小

千秀萬秀，不如用心一做

假如有人找你去做一件事，但事先言明，是沒有報酬的，恐怕有些人是不願去做的。就像現在的大學生，幫老師、教授做些事，首先談論的，常是「有沒有工讀費」？「有沒有薪水」？

可是，你知道嗎，美國好萊塢超級巨星湯姆．克魯斯，他在年輕時，想走演藝路線，卻苦無機會，也曾被片商以「皮膚太黑」、「不夠英俊」，而被拒於門外。後來，在一個名叫瓦格納的經紀人推薦下，他獲得一個「一閃即逝」的小角色，也就是在《無盡的愛》這部電影中，飾演一個十多歲的縱火犯。

湯姆．克魯斯演完這名縱火犯，沒有拿到一分錢，就搭便車回家；可是，慢慢地，湯姆．克魯斯又因其他一名演員臨時退出，而獲得一個可以露臉久一點的小角色。也因此，他輪廓分明的臉，開始被導演和製片人注意。

後來，湯姆．克魯斯在《捍衛戰士》一片中，飾演一名飛行員，戴著一副墨鏡，真是「帥死了、酷斃了」，因而開始走紅！如今，他屹立於電影圈二十多年，成為名利雙收的超級巨星，並且創造了數百億美元的電影票房佳績。

說真的，要演一個「一閃即逝、沒名沒姓」的縱火犯，而且沒有酬勞，相信很多人都不願意。

可是，湯姆．克魯斯因著對演藝事業的熱愛，別人不演，他肯演、他做了，最後一步步地成就了自己，而成為「影壇的巨人」——雖然，他只有一百七十公分，在西方國家，他算是矮個子。

凡事從小開始，才能慢慢往上爬

曾有個朋友對我說，她女兒去應徵一家大賣場的企劃職務，被錄取了；可是，該項工作週六、週日是忙碌期，必須要上班，而且還要辦一些酬賓活動，負責搞笑暖場。

女兒說，不行，她不能在週末上班，因為她必須跟男朋友約會；而且，做搞笑暖場的事，好丟臉，所以算了，放棄了！

其實，剛踏入社會的年輕人，哪能一出場就是大明星、當主角呢？在台上紅得發紫的大明星，哪一個不是從小角色、跑龍套，從「沒名沒姓」開始做起？所以，古人說：「**做事不貪大，做人不計小**」，凡事都必須從「小」開始、打下基礎，才能一步步慢慢往上爬呀！

也因此，每個人都要「踩著自己願望的油門」，勇往直前，去達成自己的目標。即使剛開始時，工作總是卑微的、低階的，但是，「**一小時的實踐，勝過一整天的空想與埋怨**」呀！

而且，只要認真地去實踐，just do it，就一定會有好運降臨在我們身上啊！

完勝人生
小故事

孟加拉，是個人口眾多的貧窮國家，他們曾舉辦了「全國首屆歌唱大賽」，吸引了七千多人參加。那次電視歌唱比賽，分七輪淘汰、持續了半年，由民眾用手機簡訊，票選出最佳歌手。

其中一名參賽者諾洛克．巴布，他出身貧苦，父親在他九歲時離家出走，母親病重，他只好在火車上當乞丐四處乞討，來撫養弟弟、媽媽和阿嬷。

巴布喜歡唱歌，他在火車上邊乞討、邊唱歌，很受歡迎；也因此，他大膽地參加歌唱比賽，也天天繼續乞討、苦練。

經過半年的多次比賽，二十歲的巴布居然過關斬將，擊敗所有參賽者，進而贏得冠軍，也獲得相當五十萬元台幣的獎金，以及一輛轎車、一年的電視合約。

巴布唱歌奪冠的那一刻，他喜極而泣、熱淚盈眶，因為他從沒想到，「窮人乞丐」竟然能擊敗職業歌手，也有出頭天的一刻。

的確，人窮志不窮。窮苦人家，只要有勇氣、有志氣，再加上自己的才氣和努力，依然有出人頭地的一天啊！

有句話說：「**天使不敢走的路，傻子一步跨過去。**」

有些人憑著信心與勇氣，勇敢地跨過天使不敢走的路。小乞丐，要上電視表演，敢不敢？很多人不敢！但，只要有實力、有勇氣，就會有榮耀。小角色、跑龍套、演一個「一閃即逝、沒名沒姓」的縱火犯，要不要？要，就可能是機會的開端啊！

維珍航空集團創辦人布蘭森給年輕人的建言是：「**不要**

怕耍寶、出醜，否則無法存活。」(Make a fool of yourself. Otherwise you won't survive.)

的確，人都必須腳踏實地，從卑微、基層做起，即使出醜、出糗，也沒有關係，畢竟那也是很好的人生經驗。

有人說：「**千秀萬秀，不如一做。**」只有親身參與、積極地實踐，就會有好運等著我們。

也因此，人要像猴子一樣，靈巧地跳在巨象的背上；不要像螞蟻，辛苦卻不靈活，而被踩在腳下！

人生決勝點

01

凡事都必須從「小」開始、打下基礎，才能一步步慢慢往上爬。

02

一小時的實踐，勝過一整天的空想與埋怨。

03

人要像猴子，靈巧地跳在巨象背上；不要像螞蟻，辛苦地被踩在腳下。

人若不敢突破僵局，
只是住在「舒適圈」裡一天過一天，
怎麼會有機會在「人前顯貴」呢？
人就是要突破舒適圈，
走出一條「挑戰自己、邁向巔峰」的路，
來換取榮耀無比的生命冠冕。

02

若要人前顯貴，就要人後受罪

退一步，是讓自己跳得更遠

我的朋友，告訴我一則真實的故事——

小邱（化名）自師專畢業、當兵退伍後，就被派到台南鄉下的小學教書。

小邱認真盡責地在小學教了五、六年的書，仍覺所學不足，就全力準備報考高雄師大英語系夜間部。

也算是滿幸運的，小邱如願考上了。可是，每天在學校上課，教一群頑皮的小朋友，下了班就已經累死人了，怎能再到高師大上課？況且，台南到高雄的路途遙遠，自己又沒錢買車，怎麼辦呢？

然而，路，是自己選擇的，必須自己勇敢地走下去！因為——**「只要找到路，就不怕路遙遠！」**

每天下了班，小邱就騎著摩托車、頂著風，前往高雄上課。

說真的，一趟上學路要騎四十多公里，真的很辛苦，尤其是在冬夜，冷風刺骨地呼嘯吹著，令人直打哆嗦；可是，沒有埋怨、沒有懈怠，在咬牙堅持中，小邱常會在岡山停下摩托車，吃一碗羊肉湯麵，來犒賞自己，並惕勵自己——「我絕不放棄，我要堅持到底！」

突破舒適圈，挑戰自我

英語系畢業後，小邱又在公餘之暇努力拚命考過托福，甚至也通過公費留學考，真是皇天不負苦心人啊！經過多年的苦讀之後，小邱終於如願以償，就要踏上留學英國之路了。

然而，就在這時，老天開了小邱一個大玩笑——小邱竟在出國前幾天，出了一場大車禍，摔斷雙腿！

「兒子啊，我只有你這麼一個孩子，你就不要去什麼英國念書了嘛！你在鄉下做老師，已經很不錯了，為什麼一定要出國？」老媽淚涕直流地說：「我有去幫你算命，那個算命仙也說，出車禍是個壞兆頭，你出國一定會諸事不順……」

然而，不管寡母和妻子如何地哭泣、哀求，小邱的心依然堅定，毫不退卻！他，雙腿裹著白紗布，雙手拄著拐杖、拖著行李，任憑寡母與妻子的錐心哭喊，他忍住淚、咬緊牙，頭也不回地前往機場、搭上飛機，前往下著大雪、茫茫未知的英國。而來接機的台灣留學生一看到他，一臉驚訝地說：「天哪，你兩腳斷成這樣，怎麼也要來念書啊？」

不過，只要有信念、有決心，一切痛、一切苦，都將過去！

後來，小邱完成博士學位返台多年，現任南部某國立大學系主任兼所長；而過去的同事，因為選擇了「錢多事少離家近」的工作，現在都還在原來的小學教書。

有句話說：「**若要人前顯貴，就要人後受罪！**」

的確，人若不「勇敢突破僵局」，只是住在「舒適圈」裡一天過一天，怎會有機會「在人前顯貴」呢？

人，就是要突破舒適圈，走出一條挑戰自我、邁向巔峰的路；這條路，雖是吃苦、受罪、難捱，卻也是一條換取「生命冠冕」、「榮耀無比」的路呀！

完勝人生 小故事

您的床頭上有「鬧鐘」嗎？有些人不必用鬧鐘，因他心中有重要的事，時間一到，他就會自動醒來。

有些人則是用兩、三個鬧鐘。為什麼？因為，一個鬧鐘不夠，鬧鐘一響，他會自動地把鬧鐘按掉，自己則埋頭繼續睡；等第二個鬧鐘再響，他還是迷糊地把鬧鐘按掉，並告訴自己——「再睡一下子吧，等第三個鬧鐘響了再起床。」

也因此，最近美國麻省理工學院實驗室發明了一種「會跑的鬧鐘」，這種鬧鐘不僅會響，而且「還會跑」。也就是，這種鬧鐘的底盤下裝上了輪子，一旦時間到，鬧鐘響起，就會跑來跑去，你非得起來，去抓住它、按掉它不可，不然鬧鐘鈴聲就會一直響。

所以，提醒時間，靠鬧鐘；但起不起床，則是靠「決心」。

第一次聽到「若要人前顯貴，就要人後受罪」這句話，是我在馬來西亞吉隆坡。當時，我受邀在保險大會中演講；一位全馬第一名的保險代理人，在接受全場喝采後，雙手抱著無數鮮花，感動流淚地說出了這句話。

真的，誰能在眾人中「顯貴」呢？除非，他默默地在人後「受罪」——不斷卑微地付出、打拚、耕耘，才能做出超越別人的成績呀！

☆

大陸知名作家余秋雨先生說：「**閱讀是將一個人由平庸的人生中『拔出來』的重要途徑。**」因為，閱讀可以讓人生變得有深度、有內涵、有品味，也擴大生命的寬度。

的確，閱讀與進修，能讓我們「以不同的氣度與視野來面對世界」，這也是我們能超越他人的方法。

就像本文中的小邱，唯有再努力、再進修，才能建立寬闊的視野與深度，讓自己的生命更加光彩。

所以，一個人在失意時，千萬別灰心，記得要沉潛自己，也努力提升自己，「把失意當磨練」；因為，「蹲下」是為了更強而有力的躍起，「退一步」是為了讓自己跳得更遠！

人生決勝點

01

人，要「突破舒適圈」，走出一條「挑戰自我、邁向巔峰」的路。

02

失意時，千萬別灰心，記得要沉潛自己，也努力提升自己。

03

「蹲下」是為了更強而有力的躍起，「退一步」是為了讓自己跳得更遠！

人生有如「自助餐」，
要吃美味佳餚的人，
必須自己端盤子，挑選想要的食物；
自助餐，就是要自己拿、自己選，
沒付諸行動、沒付出學費，
是得不到成功至寶的。

03

光說不練，是不會成功的

小小口琴傳友情，促進世界大和平

一支小小的口琴，常是不起眼的，也從來不是主流樂器，然而，有些人卻為它瘋狂、著迷！張雅誥，就是一生「執著口琴、苦練口琴、享受口琴」的人。

他是馬來西亞的華人，九歲時，在小學裡看到一支全校唯一的口琴，小朋友們就你一口、我一口地輪流吹。可是，這一吹，張雅誥迷上了它、也愛上了它，似乎感覺他與口琴，是密不可分的情人——真是愛死它了！

後來，張雅誥偷拿堂哥的口琴，暗自地學吹；一天，被堂哥發現，堂哥氣得把口琴甩摔壞了；不過，為了對口琴的熱愛，年幼的張雅誥不停地存錢，最後才買到一支「屬於自己的口琴」。

吹、吹、吹，張雅誥天天不停地吹，自學苦練、無師自通；也深信，有一天，他一定要站在世界級的口琴舞台上。

您知道嗎，張雅詰於一九八九年、三十七歲那年，在西德舉行的世界口琴大賽中，代表馬來西亞，勇奪個人冠軍！

在馬來西亞國家體育館七千人的演講會上，我曾有幸看到張雅詰先生帶領著他指導的學生，上台表演。

您可別以為上台吹奏口琴的，只是年輕人而已哦；在張老師的推廣下，馬來西亞的小朋友也組成口琴隊，在台上表演得棒極了！甚至，三、四十名銀髮的老人，也快樂、歡愉地上台合奏，用口琴來譜出晚年生命的樂章。

辛苦三五年，風光五十年

張雅詰先生對我說，他在西德參加世界口琴大賽時，曾遇見來自北京的白氏三兄弟，對口琴極為癡狂，居然帶著乾糧、搭乘十四天的火車，才抵達西德參加比賽。當時，大陸口琴品質不佳，白氏三兄弟的吹奏技巧也不夠好，比賽沒得名，他們後來又坐了十四天的火車回到北京。

天哪，竟有人對口琴如此執著，真令人感動。

如今，張雅諾先生在世界各地得過無數大大小小的口琴冠軍，也是馬來西亞「國寶級」的人物，經常應邀在國際性場合、或災區募款活動中精彩演出。同時，也因著「口琴緣」，張雅諾與許多各國的口琴高手，都成為「結拜兄弟」。

想像一個畫面——各國口琴高手，雖然語言不通，但大家坐了下來，有人起個頭，吹奏了一曲「噢，蘇珊娜」；其他人也不約而同地打起節拍，你一段、我一段地接龍吹奏起來，是多麼和樂的景象啊！這，不需言語，只有音樂和笑聲，真是「小小口琴傳友情，促進世界大和平」啊！

現在，張雅諾先生是一位極為傑出的高階保險從業人員，而且也用頂尖的口琴絕技，繼續與各地民眾「談琴說愛」；而他所到之處，都是激賞掌聲久久不息。

看到張雅誥先生的生命，讓我想起一句話——「**辛苦三五年，風光五十年！**」每個人只要辛苦學習一、兩項「絕技」，就能使自己的生命，耀眼風光五十年呀！

完勝人生
小故事

曾經有個年輕的小伙子，向莫札特詢問如何寫交響樂？莫札特對他說：「我看你年紀還輕，應該從『學習寫兒歌』開始練習起。」

年輕人聽了，有點不以為然地說：「可是你十歲的時候，就已經開始寫交響樂了，不是嗎？」

「是啊！」莫札特回答年輕人說：「沒錯，我十歲就開始寫交響樂；可是，我從來沒有問過別人要怎麼寫啊？」

有些人是音樂天才，像莫札特、貝多芬、巴哈、海頓、柴可夫斯基……他們擁有上天所賜予的音樂天份，也譜出了無數膾炙人口、傳頌千年的美妙樂章。

不過，有些人則是靠著對音樂的愛好和興趣，以及不斷地苦練，才能成為大受歡迎、琴藝超群的演奏家。

就如同本文的張雅諾先生，雖然口琴在音樂領域中，並不是主流樂器，但口琴體積小、好攜帶，在任何場合都方便娛樂大家。所以，張雅諾先生憑著吹奏口琴的精湛技藝，贏得許多友誼和尊敬。

其實，人生有如自助餐，要吃美味佳餚的人，必須自己端盤子，挑選自己想要吃的食物；自助餐，就是自己要付諸行動，自己拿、自己選，還要付費，付出學習的學費。沒付諸行動、沒付出學費，是得不到成功至寶的。

相同地，口琴、小提琴、鋼琴，以及任何的專業和技藝，若不親自付出行動、努力學習，也絕不能獲得成功的喝采與掌聲。

所以，**「怎麼做」永遠比「怎麼說」來得重要！**

一個人只會說、不去做，只是「光說不練」，是永遠不會成功的。

也因此，**成功就是——「慾望＋行動＋堅持」**。

一個人有慾望動機，加上積極行動，再加上堅持的毅力，

就能享受眾人的歡騰喝采！

人生決勝點

01

「辛苦三五年，風光五十年。」只要辛苦付出，就能讓生命風光、耀眼。

02

「怎麼做」，永遠比「怎麼說」來得重要。

03

成功就是—「慾望＋行動＋堅持」。

古人說：「逆境來時順境因」，
一個人不可能永遠都處於逆境，
只要「改變心境」，努力突破，
就可以「脫離困境」，
而使自己邁向順境。
所以，給自己一個燦爛的微笑吧！

04

在天很黑的時候，星星就會出現

人要窮中立志、苦中進取

為了陸軍高中早上八點的演講，我向承辦主任說，我會在七點到達校門口；當我準時抵達時，赫然發現，校長張少將及各部門主管都已列隊歡迎我。

當我一走入校園，軍容壯盛的鼓號樂隊隊長立刻高喊：「立正——」，隨即快步跑向我，對著我行個英挺的軍禮；而後，鼓聲、樂聲立即響起，大鼓、小鼓、小喇叭、鑼鈸……震耳欲聾、響徹雲霄……而變化多端的隊形，雄壯威武，更是令人目不暇給。

天哪，我這一輩子未曾接受過「軍鼓樂隊」的致敬，一時之間，不知所措，雙手不曉得往哪裡擺？那響亮的號角聲、碎聲的小鼓聲，真的讓我感到震撼！

心想，才七點五分，很多大學生都還賴在床上睡大頭覺；可是，這些陸軍高中的學生，早已在黎明晨光中，精神抖擻地迎接嶄新的一天。

他在籃球場，練習英語演講

那場兩千多人的演講，我的表現不足掛齒；但，陸軍高中孩子們的真心告白，卻讓我印象深刻。

古威，小學四年級時，就被母親帶往新加坡，放在寄養家庭。隔天，媽媽走了，回台灣了，讓他一個人留在舉目無親的新加坡。

他，連A到Z的英文字母都不會背，一個字也看不懂，所以被降級唸三年級。年幼的他，孤單寂寞，在夜晚來臨、孤苦無助時，只能偷偷地躲在棉被裡哭泣。

然而，他熬過來了，也考上了理想的初中。可是，初二時，父親投資失敗，家中負債累累，沒錢供他念書，就把他叫回台灣；而為了避免連累妻小，父親與母親辦了離婚。「家裡沒錢了，怎麼辦？我不能再增加家中的經濟負擔呀！」

於是，古威決定報考陸軍高中。

英挺的他，又高又帥，一臉迷人笑容，而且英文很棒！他說，英文老師為了訓練他參加全台英語演講比賽，帶他在校外的籃球場，要他站在球場中線，老師則站在底線，逼他大聲講英語；在眾目睽睽之下，老師說：「你要大聲講，講到我聽得到、聽得懂為止！」

而且，老師還帶他到各教室或餐廳，要他用英語演講給各班學生聽。同時，也用V8攝影機，錄下他演講時的神情，並分析他的優缺點。後來，古威得到全台高中職英語演講比賽第十名，也被選為全校唯一的「實習旅士官督導長」。

你的天空，要自己勇敢去跑

在陸軍高中，許多孩子都來自清寒或單親家庭，也有不少人父兄吸毒入獄、母親嗜賭、家庭破碎……然而，在老師們愛心與耐心的輔導下，他們個個「窮中立志、苦中進取」。

一名學生余小新（化名）說：「我爸媽離婚了，媽媽沒有錢養我，只對我說：『我一個女人，不能賺什麼錢，沒辦法養你……你十七歲的天空，要自己勇敢地去跑！』現在，我來唸軍校，我十七歲的天空，我一定要自己勇敢地去跑；我要用自己的調色盤，去彩繪自己的天空！」

余小新站得筆挺地又說：「現在我的讀書動力，不是在班上得第一名，而是要在三十二個班級中，拿到第一名……每當我回到家中，看到媽媽拿著我的成績單，臉上露出笑容，並以安慰的眼神和我說話，我……再多的努力都是值得的！」

中壢龍崗陸軍高中之行，令我感動！在我即將離去之時，另一批軍樂隊、旗隊的嘹亮樂聲再次響起，我也再度接受隊長的軍禮致敬；然而，我眼眶含著淚水——孩子啊，謝謝你們這麼熱忱地接待我！其實，今天收穫最多的人是我，因為，從你們英挺的昂首闊步之中，我真的學習到——

「你我的天空，都要自己勇敢地去跑！」

「生命的天空，要自己認真地用調色盤去彩繪。」

「人不要怕窮，要窮中立志；人不要怕苦，要苦中進取！」

完勝人生
小故事

我曾受邀在許多軍中部隊或軍校演講，其中，陸軍高中（現已改為陸軍專科學校）讓我留下最深刻的印象，因為不僅是承辦人用心，將軍校長更是重視。

正如該校一些老師所說，來唸陸軍高中的孩子，家境都不是很好，但既然唸了軍校，就要加倍努力用功、拚出成績、熬出頭來！

☆

有位法官面對被告大聲怒斥說：「我擔任這個地方法院的法官十年來，已經在法庭上見過你八次了，難道你不覺得羞恥嗎？」

被告回答說：「報告法官，你不能升官，是你自己的問題，怎能怪我呢？」

哈，法官十年來，一直都在地方法院當法官，不能升遷、升官，這法官要怪誰啊？當然，這是個笑話。

相同的，假如一個職業軍人，十多年來還在原地踏步，沒有傑出表現；甚至只是等待退伍，也是很讓人難過的。

有些職業軍人，在五十歲的年齡，已經當上了「將軍」，但有人則是退役當「警衛」。假如，我們有所選擇，我們的生命是想當「將軍」、還是「警衛」？我想，大部份人都想當「將軍」。可是，在當上將軍之前，也必須付出許多心力和努力呀！

☆

運動心理學家魏特利曾指出——「**幸運」來自正確知識下的努力**（LUCK=Labor Under Correct Knowledge）。

一個人的成功，不是因著運氣或機率；一個人的幸運，是靠著不斷進修、學習、廣泛收集資訊、投入無數時間和精力，研究分析、堅定信念、認真執行，才能享受豐碩的成果。

古人也說：「**逆境來時順境因**」，一個人不可能永遠都處於逆境，只要「改變心境」，努力突破，就可以「脫離困境」，而使自己邁向順境。

給自己一個燦爛的微笑吧！抱持希望、勇敢追尋，寒夜就不會太無助、太漫長！而且，「**在天很黑的時候，星星就會出現，來指引我們前面的道路！**」

人生決勝點

01

生命的天空，要自己認真地用調色盤去彩繪！

02

人不要怕窮，要窮中立志；人不要怕苦，要苦中進取。

03

只要「改變心境」、努力突破，就可以「脫離困境」、邁向順境！

勇氣，是成功的動力。
多少人在職場上，灰心喪志，
放棄了或被打倒了！
可是，人的生命是「要上」或「要下」，
全看自己的抉擇，
因為，即使坐著輪椅，也能攀上高峰呀！

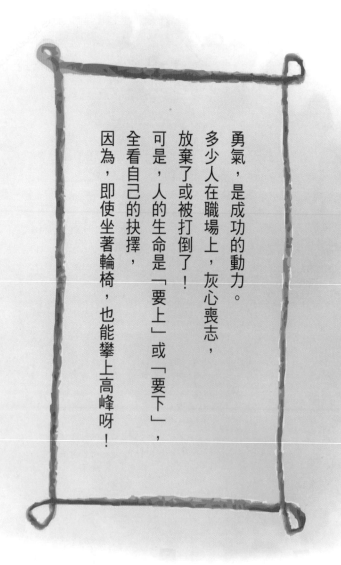

05

成功，來自夢想與實踐

缺乏勇氣，常被命運惡神打敗

當我站在台上演講時，他在我的眼中是最特別的，因為他在千人之中，獨自坐著輪椅，眼神專注地聽講，也不時地給我點頭、微笑的回應。

後來，輪到他上台了。他坐著輪椅，不能四處走動；因為，他在兩歲時，發高燒，得了小兒麻痺症，一輩子都無法走路。

他，是陳建民，隨著父母從大陸移民到新加坡。

陳建民坐在輪椅上說，他小時候，從未體驗過運動的滋味，只能羨慕其他的小朋友，能在陽光下奔馳、跳躍；而且，有些小朋友還會欺負他，故意在他背後偷打他的頭，然後說：「不是我、不是我！」

就因為雙腳小兒麻痺、被欺負，陳建民只能忍住氣，眼淚往肚子裡吞。

有一次，又有小朋友在他背後偷打他的頭，被他逮到了，陳建民把小朋友的手臂抓了過來，狠狠地咬了一口！這麼一咬，陳建民被幼稚園「開除」了！

陳建民雖然行動不方便，但他十分用功念書，從新加坡唸完醫學院畢業，又進入哈佛大學攻讀醫學研究所。可是，哈佛一名教授看到他坐輪椅，就對他說：「你是怎麼進來的？你真是在浪費我們醫學院學生的名額啊！」

當時，陳建民的心真痛啊！被歧視、被瞧不起，只因為他雙腳不能走路，只能坐輪椅！然而，後來陳建民以行動和毅力，來證明他殘而不廢；他以第一名的成績，從哈佛大學醫學研究所畢業。

而當年歧視他的教授，也在陳建民畢業時對他說：「對不起，我感到很慚愧；以前我只看到輪椅，沒看到輪椅上的人——一個有超強毅力和意志力的人！」

後來，陳建民又在英國牛津拿到碩士學位，更在紐西蘭獲得博士學位；目前，他在澳洲擔任「腦科醫生」兼研究員。

同時，多年來，陳建民一直用手轉動輪椅「跑馬拉松」，來自我挑戰，也為癌症兒童募款。他甚至在短短七十天之內，接連跑完七大洲、十個國家的「輪椅馬拉松」，而成為金氏世界紀錄的保持者。而且，近二十五年來，他也已經跑過六十場國際馬拉松比賽，包括「南極馬拉松」。

當陳建民坐在台上講述他的故事時，台下一千多名的聽眾無不深受感動，也全場起立鼓掌，久久不息。

他，不怨天、不尤人；他，為自己打造成功的生命！

勇氣，是成功的動力

演講結束後，我驅前與他握手，也向他致上最深的敬意！

想想，你我這一生，在生活上、職場上，豈不都要學習「陳建民精神」——

一、**不生氣、要爭氣：**別人欺負我、歧視我、瞧不起我，都沒關係，我就是要做出成績，讓別人刮目相看。

二、**不傷心、要開心：**即使身體有所殘缺，但一定要放下悲傷，走出陰霾與挫折，要創造自己亮麗的人生。

三、**勇敢跳出舒適圈：**唸哈佛、牛津是多麼不容易啊！用手轉動輪椅跑馬拉松，是何等艱困啊！但，我們都要勇敢跳出舒適圈、扭轉自我命運。

四、**把微笑掛在臉上：**即使生命有挫折，就像比賽時，輪椅被撞翻了、解體了，也灰頭土臉地被抬回家，但臉上依然要掛著微笑；因為，「當太陽升起時，就要微笑」呀！

五、**把感動化為行動：**成功，來自「夢想」與「實踐」。儘管自己無法行走，但他的行動，讓他走遍全世界；他的堅持，使他超越極限。

六、**轉動愛心、幫助別人：**近年來，陳建民博士透過轉動輪椅跑馬拉松，已募得一千四百萬美元，做為慈善基金，來幫助癌症兒童，真是可敬可佩啊！

真的，「勇氣」是成功的動力！多少人在職場上，灰心喪志，放棄了、或被打倒了！

可是，人的生命是「要上」或「要下」，全看自己的抉擇——放棄了，一無所有；堅持到底，即使坐著輪椅，也能邁向高峰、攀上巔峰！

完勝人生
小故事

有一位國中生，在作文簿上寫著：「我的阿嬤是一個七十五歲的老年婦人……」

老師在批改時，覺得此句話唸起來有點累贅，就用紅筆把「老年」兩個字圈起來，並在旁邊寫了「多餘的」三個字，然後把作文簿發還給學生，要他重新修正。

第二天，該生修改好文句之後，交回給老師看，只見上面寫著：「我的阿嬤是一個七十五歲的多餘的婦人……」

哈，這學生真是天真得很可愛啊！

其實，我們都不能成為一個「多餘的」人，我們每個人都有自己的價值，因為「天生我材必有用」。有些人雖然肢體殘障、聽障，或是眼盲，但他們都「活出自己的價值」啊！

人生之中，都會有生命的低潮，也會遇到許多挫折與困頓。

但是，「勇氣」是一個人邁向成功的動力。一個人若缺乏勇氣，在生命低潮期也自我退縮、輕言放棄和缺席，則很容易被命運惡神打敗！

相反地，**「勇於改變、勇於突破、轉換念頭、正向思考、控制情緒」，就會使自己絕處逢生、走出人生谷底。**

所以，在我們遇到困境時，可以學習「呼吸法」，來面對自己的困境和情緒。什麼是「呼吸法」呢？就是要學習和自己的內心對話，做自我溝通和激勵。

在「吸氣」時，要接納自己不舒服、不愉快的感覺，找出原因克服它、打敗它！

在「呼氣」時，必須把不好的思緒和負面想法呼出去，以積極、樂觀、陽光的態度，來面對它。

只要我勇敢度過低潮期，一切都會過去，事情絕對不會如同想像中那樣糟糕，事情一定會愈來愈圓滿。

想法愈正面、態度愈積極，人的運氣就會愈來愈好！

人生決勝點

01

即使生命有挫折，臉上依然要掛著微笑。

02

「勇氣」，是一個人邁向成功的動力。

03

想法愈正面、態度愈積極，人的運氣就會愈來愈好！

只要我們有創意、有點子，
敢為自己創造機會，
別人都會聯合起來幫助我們啊！
我們不能做一個只是「窩在家裡」、
或「困在辦公室裡」的夢想家，
我們要勇敢地使自己「美夢成真」！

06

心念有多大，世界就有多大

別把「機會」看成是「負擔」

曾經聽過一名講師的演講，他挑了一個幸運號碼「四十二」，然後隨便點了一名聽眾，請他開始從「一、二、三、四……」依序報數，只要誰報數的號碼是「四十二」，誰就必須上台即席演講五分鐘。

哇，這真是一項刺激的遊戲！有些人大聲叫好，因為，他們坐的位置不可能被點到；有些人則心驚膽跳，因為，他們坐的位置「很危險」，很可能就是在「危險邊緣」，隨時都有被叫上台演講的危機。

報數的號碼已經唸到「三十」，愈來愈可怕了，有些人的心情也愈來愈緊張，會不會那麼倒楣，真的被點到？

「三十七、三十八……」天哪，就快要被點到了！「四十、四十一、四十二！」終於，唸到幸運號碼了，一位小姐紅著臉，沒有任何理由，必須上台即席演講五分鐘。

此時，講師說：「各位，你們說，今天最倒楣的是幾號？」

「四十二號！」聽眾異口同聲地說。

「不，不，今天最倒楣的是四十一號！」講師認真地說道：「為什麼呢？因為他應該說『媽的，這麼好的機會怎麼會跑掉了呢！』本來，這個上台的機會很可能是四十一號的，可是，它竟然跑掉了……各位，你們必須把握上台的機會、珍惜上台的機會，而不是說『媽的，怎麼那麼倒楣，居然被點到要上台了！』」

準備愈多，好運也愈多

的確，當遇到問題時，有些人把問題當成是「機會」，好好把握它；但，有些人卻把它當成是「負擔」，而找理由逃避它！

然而，懂得把握機會的人，胸有成竹、一鳴驚人，令人刮目相看；逃避機會的人，則推三阻四、臉紅脖子粗、忸忸怩怩，打死也不願上台。

記得我在美國唸博士班時，有一次，一位女教授當著全班同學的面，發回期末報告，並對我說：「Charles，你的期末報告寫得很棒，我給你A，你可不可以上台來，把你寫的報告內容講給大家聽？」

天哪，教授突來這一點名，真是讓我受寵若驚。可是，要我上台，事前也不先講一聲，怎麼辦呢？是倒楣，還是機會？是負擔，還是榮耀？

告訴大家，這是「機會」，更是「榮耀」！因為，在交出期末報告後，我曾將報告的內容，用英語練習講給兩位美國同學聽；所以，我胸有成竹、心情篤定地上台了。

有人說，**所謂「好運」，就是——「萬全的準備，遇到了大顯身手的機會」**。

的確，**「機會，只留給懂得把握的人；成功，是留給懂得付出的人」**。

所以，**「準備愈多，好運也愈多」**，不是嗎？

完勝人生小故事

有時候，我們會埋怨自己沒有理想的環境、沒有提攜自己的長官，可是，環境和機會，是要自己努力去創造的啊！

在大陸安徽省合肥市，有一名叫「英波」的人，他花了十三年，收集了二千多種不同的聲音，製作成「聲音庫」，再分門別類賣給電台、電視台或網路公司。

「賣聲音」？有什麼聲音是可以賣的？可以賣到什麼好價錢呢？

英波先生收集的聲音包括：咳嗽、鼾聲、打嗝聲、風聲、水聲、雨聲、火聲、雷聲、笑聲、哭聲……這些聲音價值人民幣五元；動物聲、武器聲、名人或元首講話等聲音，可賣六元；口技、牢騷、吆喝等聲，也都標明價錢，要價三十元。

英波表示，他將收集或收購來的聲音，製作成特殊音效，賣給有各種不同需要的公司；而他自己也花了一百萬元，註冊了一家音業公司。

真的，機會是靠自己去打造的，人家「賣聲音」都可以賺錢，連打嗝聲、吆喝聲、咳嗽聲都可以賣，真是有創意啊！所以，沒有好環境，就自己創造吧！

作家保羅．科爾賀曾說：**「一個人真心想要做一件事情，全世界都會聯合起來幫助他！」**

真的，只要我們有創意、有點子、敢為自己創造機會，別人都會聯合起來幫助我們啊！

我們不能做一個只是窩在家裡、困在辦公室裡的夢想家；不動手、不開口、不實踐的「夢想家」，只是作夢、想像的人而已啊！

《失樂園》的作者彌爾頓（John Milton）說：「**心可以使你身在天堂，卻覺得活像地獄；也可以使你處於地獄，卻覺得活在天堂。**」

的確，人的「心」是最重要的。有些事，我們初看像是「倒楣事」；可是當我們轉個念，卻可能是「超級幸運、機會來臨」的開始呀！

所以，「**心念有多大，世界就有多大。**」因為，世界的大小，隨著我們的心眼大小而定啊！（The world only exists in our eyes. We can make it as big or as small as we want.）

人生決勝點

01

「好運」就是一「萬全的準備，碰到了大顯身手的機會。」

02

「機會，只留給懂得把握的人；成功，是留給懂得付出的人。」

03

有些事初看像是「倒楣事」，但只要轉個念，就會是「超級幸運」的開始。

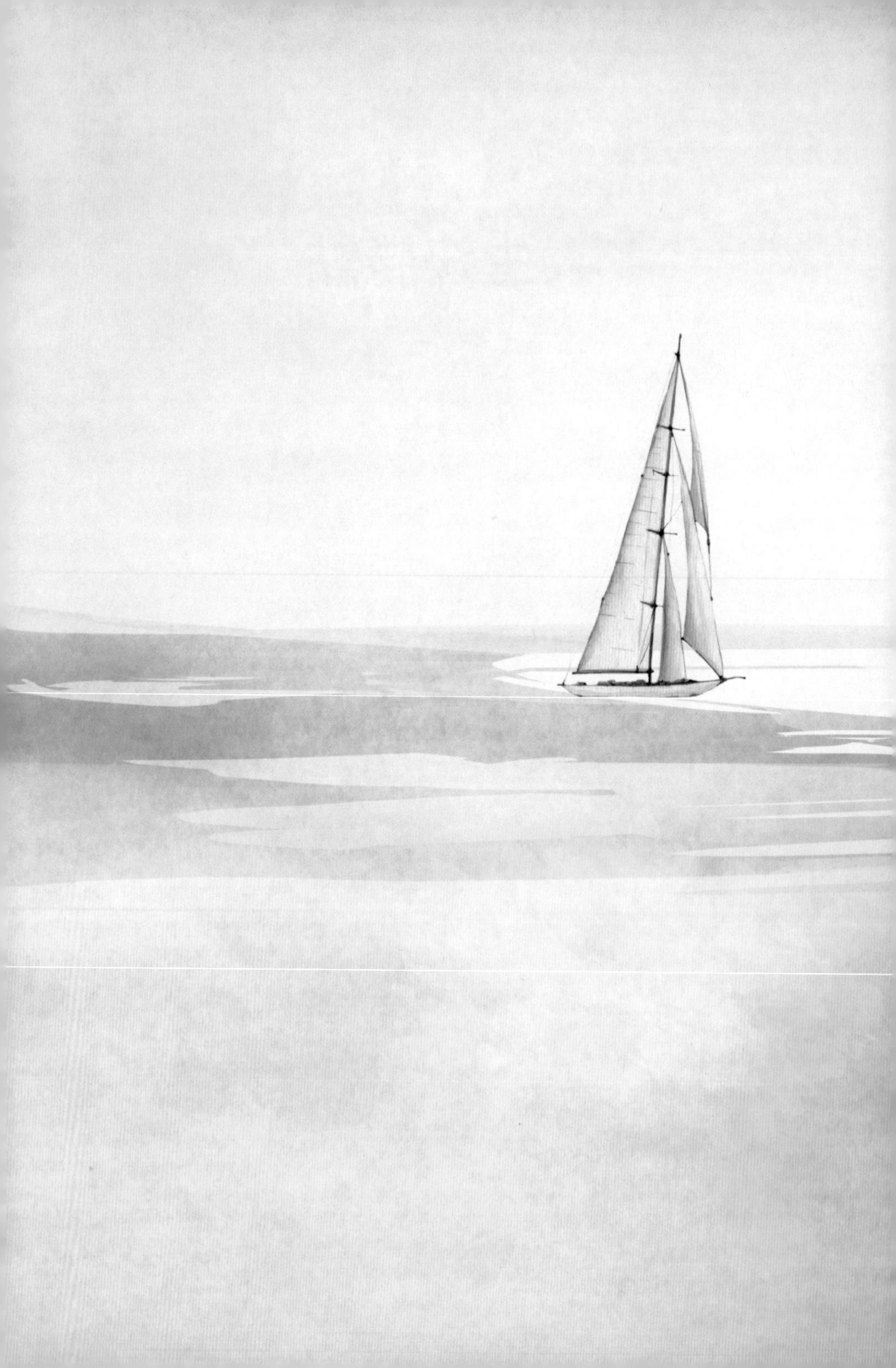

第2章

轉個念，就是幸福開始

心的寬度，
決定路的長度，
千萬別當
「負面情緒帶原
者」。

幸福的想法，帶來幸福的人生。

人，要學習「轉換心情」，

讓負面的情緒「換跑道」，

不能一直陷在生氣的情緒中。

人的屁股，若一直坐在針尖上，會很痛的！

趕快「跳出針尖」，

趕快去找到一個「宣洩的出口」，

人就會忘卻煩惱、迎向喜樂！

「我有明珠一顆，久被塵勞封鎖，
今朝塵盡光生，照破山河萬朵。」
的確，我們每個人都有明珠一顆，
也都有無限潛力，
只是我們常被俗事羈絆，
以致未曾發揮潛力，也未讓明珠發光！

07

別太早論斷孩子未來的成就

做個「令人刮目相看的人」

我記得很清楚，這名女孩子在大一我的演講學課堂上，從來沒有主動開口說過話，只有在被點名、強迫上台演講時，她才很羞怯地上台。

而且在台上，她總是紅著臉、說不到一分鐘的話，就講不下去了；有一次，她甚至是在台上說不出話，而難過得糗哭著下台……

這名個性內向的女孩子，唸的是口語傳播系，系上同學大部份都口才流利、侃侃而談；所以相形之下，她就顯得口才笨拙、羞於表達、不敢面對聽眾。也因此，印象中我給她「演講學」的分數，是班上倒數幾名。

然而，畢業兩、三年後，她從美國唸完碩士回來，令我驚訝的是，她竟然考上有線電視台，當起了新聞主播。天哪，我萬萬沒想到，曾經是我最不看好、演講學成績很差的學生，居然有一天能躍上主播台，用她大方、自然的神態，口齒清晰地播報新聞。

另外一個男學生，他個子很矮，大約只有一百六十公分，在班上絕不是女生所喜愛的帥哥型。可是，這男生對新聞工作十分熱愛，經常參與編採工作，也全力投入校園社團活動。

說真的，個子矮小、外表又不俊帥的男生，很少能吸引別人注意；然而，我印象很深的是，這男生的文筆很好，期末考時，別人寫滿兩大張的答案就不錯了，他竟然寫了密密麻麻的四大張，而且思緒縝密，文筆真的很不錯。

退伍之後，這名個子矮小、外型不帥的男生，竟也憑著自己的實力和努力，考上了有線電視台，成為一名極為出色的採訪記者。

每個人都有潛力和爆發力

有時，我會覺得自己經常「看走眼」，尤其是對年輕學子，原本不看好他，因為他的表現實在不理想；可是，萬萬沒料到，每個人都有其「潛力和爆發力」，現在表現不好，不見得以後也都不好呀！

所以，看孩子、看學生，**「千萬不能只看現在，就立刻下斷語」**啊！

我有個朋友說，她以前當國小老師時，班上有個學生成績極爛，直到畢業時，連名字都還寫不好，讓她很頭痛、也很生氣。

可是二十年過後，學生召開同學會時，那名最令她頭痛的男生，竟然開著「賓士敞篷車」來接她，還載她在市區裡兜風、遊街。這名曾令她頭痛的學生，早已是五星級大飯店裡的大主廚了。

真的，人都會有「看走眼」的時候，我們絕不能以孩子現在的表現，就隨意地論斷他的未來；因為，**孩子們內在、看不見的潛力，有時會讓我們「大大地跌破眼鏡」啊！**

完勝人生

小故事

阿美結婚後一星期，才發現她所嫁的先生是一個眼睛看不見的人。她先生的兩眼中，有一眼是裝著「義眼」，那只是裝飾品，是看不見東西的。

阿美心裡很不高興，就找當時的媒人理論：「妳幹嘛騙人？他明明有一隻眼睛是盲的，是看不見的，妳為什麼要瞞我、騙我？」

媒人委屈地說：「我怎麼沒告訴妳？妳想想看，當妳們第一次見面、相親之後，我就跟妳說，他『一眼就看中妳了』；當時，妳自己聽了也很高興啊……」

真的，要「認清人、看清人」是很不容易的，所以人常常會「看走眼」。

在印度，有個女人名叫「琦蓉」（Kiran Mazumdar-

Shaw），她在三十五年前，是一個找不到工作的釀造師，每天貧窮如洗，都是在掙扎中過日子。

可是，在一個機緣下，她接觸到「生化科技」的工作，開始孤單、辛苦地草創事業，在她積極努力經營之下；後來，她的公司裡逐漸增加到一千多名員工，而她也成為「印度最有錢的女人」，更被《經濟學人》稱為「印度生技皇后」。

琦蓉女士創辦的生化科技公司（BIOCON），於二〇〇四年上市，創造三百三十億元市值。而至二〇一五年，根據《星河胡潤全球富豪榜》統計，她的個人身價，已超過新台幣三〇七億元。

☆

有首偈語說：「**我有明珠一顆，久被塵勞封鎖，今朝塵盡光生，照破山河萬朵。**」

我們每個人身上都有明珠一顆，也都有無限潛力，只是我們有時因著凡務俗事羈絆、被塵勞封鎖，以致未曾發揮潛力，也未讓明珠發光。

我常會覺得，「令人刮目相看的人」是最快樂的！

假如，我們被貼上「負面標籤」、被輕視或被瞧不起，而自己卻也沒有能力突破、無法扭轉劣勢，始終沒有好的成績表現，甚至只能被輕視一輩子，那是多麼可悲啊！

所以，我們必須學習——「**寧願少同情，奮力奔前程！**」只有自力更生、加倍奮鬥、盡力求表現，才能使人刮目相看，也讓自己風光地創造美麗前程。

而且，「**寧可辛苦一陣子，不要可憐一輩子啊！**」

人生決勝點

01

每個人都有其「潛力和爆發力」，看孩子、看學生，不能太早就下斷語。

02

自力更生，做個「令人刮目相看的人」，是最快樂的。

03

寧可辛苦一陣子，不要可憐一輩子！

我們經常會遇見一些不如意，
但只要心念一轉——
「大膽開口、勇敢出擊」，
就能為自己創造美好的機會；
因為，上帝總會派遣天使，
來幫助那些「勇敢自助」的人！

08

勇敢開口，就會遇見天使

積極行動，為自己開創奇蹟

有一次，颱風來襲隔日，大家照常上班，可是中南部地區仍然風雨交加。我從台中家出發，準備到一家銀行對員工演講；但當我到地下室開車時，赫然發現，我車子後輪胎全都沒氣了！天哪，怎麼辦？不知何時，後輪胎竟扎到釘子了。

距離九點的演講時間只剩二十多分鐘，無法找人來修輪胎；請櫃檯小姐幫忙叫計程車，可是小姐說，颱風天半小時都找不到一輛計程車。

怎麼辦呢？時間愈來愈逼近，只剩下不到二十分鐘，而且外面依然是風雨不停地吹襲著。

我，暗自下定決心，一定要主動出擊，因為，我的信念是——「只要開口，就有機會！」

於是，我拎著電腦和投影機，試圖攔下所有經過我的車子，請求別人載我一程，趕到市區裡演講。第一輛攔下的，是一名母親載著一個小孩，她說：「對不起，我趕著帶孩子出去，不能載你！」

沒關係，再等下一輛。第二輛，攔下的是一位年輕人，他看我一眼說：「對不起，我趕著上班來不及了，而且，你要去的地方，我不熟。」

噢，沒關係，謝謝嘍！可是，我的心，愈來愈焦急，因為，只剩下十五分鐘啊！此時，我的身子被風雨淋到一半，有點寒冷，可是，不能放棄啊！

感謝老天，終於又來了一輛，他搖下車窗，是個西裝筆挺的中年人，聽了我的請求後，笑笑地說：「很抱歉，我趕上班，不順路。」

好吧，還是謝謝！我的心，沮喪不已，只剩下十二分鐘而已呀！

勇敢開口，就會有機會

後來，又有一輛富豪（Volvo）車子經過，我趕快再攔下；開車的是一位年約五十歲的先生，他聽了我的拜託後，點點頭說：「好，上來吧，我載你過去！」

哇，太棒了，真的碰到天使了！我感激莫名地坐上車，還一直擦拭著臉上、身上的雨水……真是太感謝了！

而這位先生知道我趕時間後，也急速地奔馳，管它外面是風是雨，他加足馬力，飛快地把我送到目的地，而且，到達的時間，剛好是九點整，分秒不差。下車時，我滿心感激地對他說：「先生，您比運匠還厲害，真心感謝您！」

真的，**「等待機會，不如把握機會；把握機會，不如創造機會」**。

我們經常會遇見一些不如意，但是，只要心念一轉——「大膽開口、勇敢出擊」，就能為自己創造美好的機會。

而且，**只要我們真心開口、誠心請求，我們都一定會「遇見天使」**。

因為，**上帝總會派遣天使，來幫助那些「勇敢自助、努力開創機會的人」**。

完勝人生

小故事

古經典中有「大海三魚」的故事——有三條大魚，被大浪沖到淺水岸邊，怎麼辦呢？

第一條魚想：「不能再猶豫了，不然只有死路一條。」於是牠就奮力向前衝，不斷地衝、跳，終於游回大海，得以活命。

第二條魚也想，我沒那麼多力氣可以衝、跳，但也不能呆呆等死呀！於是，牠奮力游到淺水海邊，藏在水草裡，也伺機躲過漁船，活著逃過一劫。

而第三條魚說：「我沒力氣跳、沒辦法啦，先休息一下再說吧！」正當牠再三猶豫、提不起勁時，海水漸漸退潮了，這條魚擱淺於爛泥邊，只能坐以待斃，直到死亡。

人生就如同這三條魚，在面臨絕望困境時，有人會像第一、第二條魚一樣，尋求機會、奮力突破、解除危機；但有人卻消極、放棄、灰心喪志，讓自己陷入坐以待斃的絕境。

在愛的土壤中，培育出來最美好的果實，它的名字就叫做

「勇敢」。

在一片黑暗中，閃耀著一顆晶瑩剔透的珍珠，它的名字也叫做「勇敢」。

一個人，只要夠勇敢，有勇氣、有志氣，就可以完成別人所認為不可能的任務。

☆

媒體刊載，在中國大陸，有一位保險業務員劉朝霞小姐，她隻身到深圳工作；可是她沒有同學、親戚、老鄉在那兒，人海茫茫，怎麼辦？後來，她改變心態，認為「只要有呼吸的人」，都是她的潛在客戶，處處是商機。所以，不管是坐電梯、吃飯、問路，她都勇敢開口，四處為自己創造機會。

譬如，在封閉的電梯裡，劉小姐就很技巧地開口：「您好面熟噢，您是不是在八樓上班？」

對方說：「不是呀，我在十樓上班。」

劉小姐又問：「您是不是姓張啊？」

「不是，我姓吳。」

雖然陰錯陽差，但也把對方的資料問齊了；再過幾天，劉小姐就主動去拜訪對方，也成功地簽了一大張保單回來，而成為知名的「頂尖保險皇后」。

真的，**只要有心，就有希望；只要有希望，就要有辦法——「勇敢開口、積極行動！」**

人生決勝點

01

等待機會，不如把握機會；把握機會，不如創造機會。

02

只要真心開口、誠心請求，一定都會「遇見天使」。

03

只要有心，就有希望；只要有希望，就要勇敢開口、積極行動！

當憤怒生氣的「危險因子」入侵內心時，
我們要盡快地數算一下幸福，
讓心中的「保護因子」來拯救自己；
因為，事情絕對沒有想像中那麼糟糕，
只要轉換心情，
陽光與快樂，一定會隨之而來！

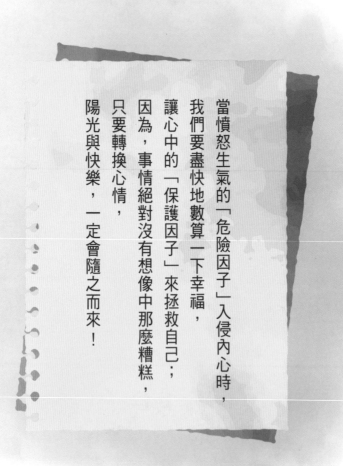

09

心的寬度，決定路的長度

趕快「放下悲傷、數算幸福」

有一位林姓醫生朋友說，他有一個醫學院的學妹，在懷孕期間，先生出軌了，而且對象竟是她最要好的朋友。

「學長，我不知道該怎麼辦？他們怎麼能這樣狠心傷害我呢？」這學妹，在電話中傷心欲絕地泣訴著。

生產過後，學妹依然忙於診所，又要照顧嬰兒，經常半夜醒來就睡不著了；加上外遇的先生在台北工作，她則在中部的鎮上開業，讓她心情無所依靠。

「學長，我還好啦，你放心，我是醫生，知道怎麼治療自己……」電話中，學妹語氣鎮定地說道。

兩、三個月後，當林醫師正忙於看診時，這學妹又打來電話說：「學長，你可不可以找人來我的診所……」

「噢，對不起，我正在看診，等一下再回妳電話！」

等林醫師忙完，再回打幾通電話給學妹時，卻都沒有人接聽；幾天後，林醫師得到消息——「學妹先吃了安眠藥，再打氯化鉀自殺身亡！」而出事的時間，也就是在她打來電話，但林醫師忙於看診、沒空和她好好說話的時候……

「我真的很後悔，那時候她打電話來，就是求救訊號，要是我能多和她聊個幾句，她可能就不會一時想不開而自殺了！」林醫師懊悔地對著我說。

我們實在無法知道別人的心裡世界，也不能預知「早知道」；就像藝人倪敏然在自殺前，曾有警員在路上遇見他，也和他聊了一、兩句話，但警員後來懊惱地說：「早知道他想自殺，我再多跟他講一些話，他可能就不會去尋短了！」

用挫折容忍力，殺死心中的「危險因子」

的確，人生有許多苦悶和痛楚，很害怕天亮、好害怕有人尋仇、好害怕有人苦苦相逼、或害怕有人絕情地冰冷相待……一想到這麼多的痛和苦，心中的「危險因子」就驟然增多，好想死掉算了，一了百了，自我解脫吧！

可是，每個人的一生，都只能活一次。每個人都是獨一無二的，都有其「不可取代性」和「生命一次性」。

也因此，當我們心中的「**危險因子**」增加時，我們的「**保護因子**」就要趕快起義來歸，來捍衛自己的生命。畢竟，我們都必須有更強的「挫折容忍力」，來殺死心中的「危險因子」，而不是束手就擒、坐以待斃呀！

以前，我唸小一的兒子和女兒，在洗澡前都脫光身子，而把內衣、內褲揉成一團，當成籃球，不斷地投向洗衣籃子裡。在屢投不進時，兒子說：「沒關係，再多投幾次，總是會投進去的！」

是的，在心情低潮、沮喪、悲痛時，我們都必須找人「傾訴、宣洩」。

或許，別人不知道我們痛苦的心；也許，別人正在忙，但我們求救的管道不能只有一個！再多找幾個朋友、再多投幾次籃，總會投進去的呀！

看看拳擊選手，他絕對不能在擂台上「停止跳躍」。

一個停止跳躍、不再揮拳的人，一定會被擊倒。我們要成為一個「不停地跳躍、揮拳的拳擊手」，才能活躍在美麗的人生舞台上啊！

完勝人生
小故事

有一名結婚不久的男子，經常悶悶不樂，因他在家被老婆管，在公司也常被老闆盯，以致覺得自己「很沒自由」。後來，他跑去請教「手拿著火炬的自由女神」，看看如何才能得到真正的自由？

自由女神說：「你是在嘲笑我嗎？還是故意在糗我？……你看，我這個樣子像是自由嗎？」

☆

每個人都會羨慕別人，覺得別人家很好、夫妻感情甜蜜、子女都很上進、先生事業有成……可是，家家有本難唸的經呀！美麗、漂亮的英國黛安娜王妃，即使嫁給查爾斯王子，婚姻依然不睦，最後離婚，甚至遇上車禍、悲慘身亡。

悲傷、憂鬱，有時會像個小偷，悶聲不響地侵入我們內心裡，但，我們要趕快把小偷趕出去，趕快還給我們快樂的心情，和燦爛的笑容！

所以，趕快「**放下悲傷、數算幸福**」吧！

當憤怒、生氣的「危險因子」入侵我們內心時，我們要盡快地數算一下幸福，讓心中的「保護因子」來拯救自己。因為，事情絕對沒有想像中那麼糟糕；悲傷和痛苦一定會過去，只要我們轉換心情，陽光與快樂一定會隨之而來。

其實，「**一個人心有多寬，路就有多寬。**」

我們的心，決定我們的命運——「**心的寬度，決定路的長度。**」

我們要成為一個「不停跳躍的拳擊手」，只要勇敢跳躍，生命就會有活力！

而且，「有志氣、少嘆氣」，就會有好遭遇，就一定會日漸得意呀！

人生決勝點

01

我們要有更強的「挫折容忍力」，拿出勇氣，殺死心中的「危險因子」。

02

做個「不停跳躍、揮拳的拳擊手」，才能活躍在美麗的人生舞台上。

03

有志氣、少嘆氣，就會有好遭遇，就一定會日漸得意呀！

擁有好心情，看人看事都很喜樂，
人間，就是天堂；
帶著壞心情，看人看事都不高興，
生活，就是地獄。
天堂與地獄，我們要選擇哪一樣，
都在我們的一念之間啊！

10

幸福的想法，帶來幸福的人生

千萬別當「負面情緒帶原者」

從家裡出門，載著內人和兩個小孩到體育館去看籃球賽。一上車，內人就繃著臉、不說話，氣氛顯得不甚愉快。這時，坐在後座、唸幼稚園大班的女兒有點緊張，一直拉著媽媽的肩說：「媽咪，妳怎麼啦？……妳怎麼不說話了？」

內人的臉還是一副不悅、好像很生氣。而唸小一的兒子也說：「對啊，媽咪好像生氣了！我有預感，媽咪快要發作了！」兒子坐在後面，一臉無辜地說：「我也不知道我們犯了什麼罪，害媽咪這麼不高興？」

我一邊開車，瞄了一下右側的內人，她還是臭著臉，不理會兩個小孩；而女兒一直撒嬌地說：「媽咪，妳怎麼了？妳不要生氣嘛，妳不要不理我們嘛……」

此時，兒子以哥哥的口吻安慰妹妹說：「柔柔，妳不要怕，媽咪不會不理我們的。媽咪不理我們，她自己也會很痛苦的……等一下，我們去看了籃球賽，媽咪就會忘記不高興，氣就會消了！」

哈，兒子真是鬼靈精，知道媽媽是個「超級的籃球迷」，對什麼裕隆、台啤、達欣、台銀……任何球隊的明星球員，都如數家珍；只要看了精彩球賽，什麼不高興、不愉快，都會拋諸腦後。

噢，球場到了，只見人潮洶湧，場內塞爆了，一大堆年輕人都跑來看球，擠得水洩不通；而我們家的兩個毛頭，大概是年紀最小的觀眾了。我們坐在貴賓席特區，視野極佳。今天是台啤對達欣，球場坐得滿滿的，哇，台啤的「野獸」林志傑，以超級美技「灌籃」，全場球迷瘋狂叫好！

可是，達欣的田壘，也連投了幾個三分球，真不是蓋的！而台啤的帥哥何守正，也不遑多讓，一出手，就是漂亮的三分球，只見內人和小兒、小女都不停地瘋狂鼓掌、大吼鬼叫！而才沒幾秒鐘，「野獸」林志傑又來個特大號灌籃，甚至給達欣蓋一個「大火鍋」。哇，真是太厲害了，全場球迷幾乎瘋掉了，掌聲、叫好聲，久久不息！

轉換心情，別陷入負面情緒之中

比賽結束，全家人很興奮地上車回家；在車上，兒子對妹妹說：「柔柔，我就跟妳說，我們又沒犯什麼罪，所以妳不用害怕，媽媽看完籃球，心情就會變好了；妳看，我說的沒錯吧！」

此時，內人笑笑地說：「誰叫你們在家搶玩具、吵架，又四處亂丟玩具，讓我整理得好累……」

我開著車子，心中得到一個結論——「心情難過時，千萬不要悶在心裡，趕快去找一場球賽、一場電影看看，或出去找朋友、或跑跑步……」

人，要學習「轉換心情」，讓負面的情緒「換跑道」，不能一直陷在生氣的情緒中。

人的屁股，若一直坐在針尖上，會很痛的！趕快「跳出針尖」，趕快去找到一個「宣洩的出口」，人就會忘卻煩惱、迎向喜樂！

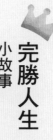

完勝人生
小故事

有位老先生得了重病，已經在加護病房裡住了三天；後來主治醫生認為，自己有告知病人病情的責任，不能再隱瞞了。於是，這位醫生走到病床旁，很認真且嚴肅地告訴老先生：「伯伯，你的病情滿嚴重的……」

老先生一聽，眼眶不禁流下淚來。此時，醫生很關心地再問道：「現在，你有沒有很想看、想見的人？」

躺在床上、體力虛弱的老人點點頭說道：「有！」他用幾乎聽不見的聲音說：「我……我想看另外一位……醫生。」

哈，人在快死時，也要儘量爭取自己的權益、找尋生機，盼能絕處逢生；相同地，人在生氣、快爆炸時，也要為自己的情緒「找到出口、跳出針尖」。

看看我們的社會，多少感情不順的男女，跳河、跳樓、燒炭自殺。

我認識一位中年失業的父親，家中經濟狀況不佳，居然上吊自盡；奈何他身體太重，繩子扯斷了，整個人摔了下來，以致自殺未遂。也有一名退休男老師，投資股票失利、慘賠，傷心之餘，在全身淋上汽油、點火自盡；可是，熊熊大火被撲滅了，他沒死，身上卻百分之七十被灼傷，變成殘廢的悲慘老人……

事實上，「幸福的想法，帶來幸福的人生！」

一個人想要擁有幸福的人生，必先要有幸福的想法。

我們絕不能當一個「負面情緒帶原者」啊！如果，我們「經常生氣、心情悲觀」，而不懂得「轉換心情、正向思考」，就一定會悲上加悲呀！所以——

擁有好心情，看人看事都很喜樂，人間就是天堂；

帶著壞心情，看人看事都不高興，生活就是地獄。

人生決勝點

01

學習為負面情緒找到「宣洩出口」，就能忘卻煩惱、迎向喜樂。

02

我們不能「經常生氣、心情悲觀」，而是要懂得「轉換心情、正向思考」。

03

擁有好心情，人間就是天堂；帶著壞心情，生活就是地獄。

人在衝突時，都得學習—
「不對立、要對話。」
不出惡言、不動拳頭，
只要張開耳朵，
真心傾聽對方的心聲和委屈，
也學習「讚美善意、擴大善意」。

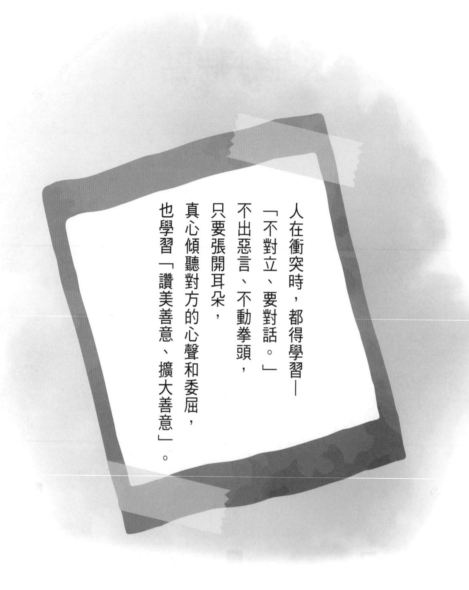

11

美好日子，千萬別拿來生氣

相愛過的人，怨恨也最深

趁著到馬來西亞演講之便，前往幽靜的蘭卡威島一遊。在那兒，夜晚沒有污染和光害，所以抬頭一看，天上掛滿千萬顆星星，不停地閃爍，好美！忽然間，一顆流星在黑暗的天際飛過——天哪，真的是流星耶！而且，半小時之間，竟看到四次流星劃過，真是幸運！

看到流星，想起流傳的一則簡訊上寫著：

「如果你是流星，我就追定你；
如果你是衛星，我就等待你；
如果你是恆星，我就迷戀你；
可是，你是猩猩……我好怕再看到你！」

其實，在談戀愛時，都覺得對方是美麗浪漫的流星，好想追尋；甚至在半夜，男女共騎機車，到山上、到海邊，一起追星，甜蜜相擁地等待那一閃而逝的流星。可是，兩人在一起久了，吵架了，就覺得對方像猩猩，好害怕再見到對方。

君不見，美麗名模、明星嫁給有錢的英俊小開，羨煞無數男女；然而，結婚沒多久，嚴重爭吵了，男的動手了，女的眼角掛彩了，心碎了，也躲起來了，覺得男的像是駭人的猩猩，好害怕再看到他。

這還好，有些男女吵得失控了，殺了對方，或縱放汽油，把她給燒了！有些趁他熟睡，用刀閹了他，甚至把他割下來的生殖器，丟到馬桶，沖掉它！也有人在痛恨中，假裝愛意仍在，而趁接吻時，把他的舌頭，狠狠地咬了下來。

不對立，要對話

法國文學家司湯達在《論愛情》中說：**「愛情像發高燒，它的來去，都不受意志的控制。」**

的確，憤怒是片刻的瘋狂，人在為愛情抓狂時，就像發高燒，很難靠意志來控制。然而，有智慧的人，都會告訴自己：「**生氣等一下，讓理性跟上來！**」因為，生氣憤怒時，理性經常是遠遠地落在後面，還沒跟上來呢！

事實上，人在衝突時，都得學習「不對立、要對話」。而且，告訴自己趕快來個「四轉」——

一、「**轉念**」：不要一直用負面思緒來怒罵對方，要想想對方的好；

二、「**轉調**」：降低聲調，因為高亢、氣憤的音調，只會火上加油；

三、「**轉身**」：暫時停止爭吵，轉身脫離衝突的情境，緩和憤怒的情緒；

四、「**轉進**」：找合宜的機會、合適的心情時，心平氣和地再來溝通。

其實，即使是深仇大恨，也可以雲淡風輕啊！

停一下吧！不出惡言、不動拳頭，只要張開耳朵，真心傾聽對方的心聲和委屈，就會發現，過去相愛的另一半，不再是猩猩，而是美麗的流星！

完勝人生小故事

有一名王姓婦人問李嫂：「如果妳的老公有外遇，妳會怎麼處理呢？」

李嫂想一想說：「我嘛……我會睜一隻眼、閉一隻眼！」

「啊，真的啊？看不出來妳會這麼大方啊！」王婦不敢置信地說。

「對呀，睜一隻眼，再閉一隻眼，意思就是，我要用槍瞄準他。」李嫂說。

每對情侶，都有自己面臨的問題，有些是個性不合，有些是第三者介入，有些是雙方家庭不和睦……

其實，談戀愛中的男女最甜蜜，每天情話綿綿、濃情蜜意、如膠似漆；可是一旦感情出了狀況，或是蜜月期過去，很可能就會翻臉爭吵。

多年前，在美國密蘇里州的藍泉市，有一名女子與男友吵架；警方凌晨四點半，接到男子報案電話，說是女友出現呼吸困難的情況。當警員趕到兩人住所時，赫然發現，這名二十四歲的妙齡女子，喉嚨裡竟然卡著「一支手機」。

原來，這對情侶吵架時，男子想用這支手機，女友一氣之下搶過手機，乾脆把它塞進嘴裡，不讓男友使用，可是，她自己卻差點喪命。還好，女友送醫急救後，已取出手機，沒有大礙。

☆

有人說：「**相愛過的人，怨恨也最深。**」

的確，因為愛過，一旦有衝突，心中的怨恨也最深，都覺得對方怎麼會這樣？怎能如此對待我？怎麼如此不了解我？

其實，「**美好日子，千萬不要拿來生氣、不要拿來悲傷！**」

多想想對方的好，想想自己有什麼不好？

一個人只要學習「讚美善意、擴大善意」，就可以看見別人的「優點和美意」。我們常自以為是，也常只看到自己的好，看不見別人的好，因而生氣；可是，就像一首小詩所說：

「為了小事發脾氣，回頭想想又何必？
別人生氣我不氣，氣出病來無人替。」

所以，別生氣，生氣會傷身體、更會傷和氣啊！

人生決勝點

01

有智慧的人，都會告訴自己：「生氣等一下，讓理性跟上來。」

02

人在衝突時，都得學習「不對立、要對話」。

03

「美好日子，千萬不要拿來生氣、不要拿來悲傷！」

人，不能當「大牌」，而要當「紅牌」。
一名巨星，若無法克制脾氣，
就很可能變成「拒星」，
而不再受人歡迎！
也因此，「笑口常開，福氣來；
隨和友善，人人愛！」

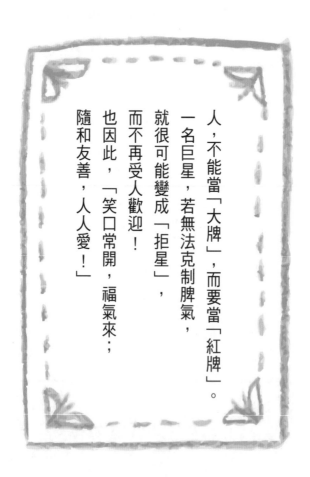

12 少怒氣，才會多福氣

靜下心來，才能遇見美好

職棒兄弟隊隊長彭政閔，過去曾在比賽中被投手的球擊中左膝蓋外側，保送上壘；而在後一輪打擊時，又被「自打球」擊中左膝蓋內側，還被三振出局。

彭政閔走回休息室時，對自己太差的表現愈想愈氣，突然舉起右手，往牆上的變電箱用力一擊！

哇，這下完了，他的手掌竟然變形；送往醫院照X光檢查，醫生說他的「手掌骨」斷裂，必須打上石膏，而且至少得休息六個星期。就這樣，彭政閔在該年球季中「提前畢業」，無法再上場比賽。

其實，彭政閔是全隊的「模範生」，也是全聯盟中薪水最高、最有票房的「明星球員」和「打擊王」；他在球場上，一向是十分溫和，很少生氣、動怒。可是，因他自認表現不佳，一時衝動地用手重擊變電箱，以致搥斷右掌骨，球隊戰力也嚴重受損，後來還被球團減薪——月薪從三十萬減為二十萬元，一直到該年底。

事實上，人在生氣和憤怒時，都是非理性的，所以一出手，往往會釀成災禍，甚至造成難以挽回的局面。

也因此，**人在生氣時，千萬「不要下決定」，也「不要出手」；因為，「脾氣來了，福氣就不見了」、「少怒氣，才會多福氣！」**

克制情緒、隨和友善，必大受歡迎

另外，奧斯卡影帝羅素．克洛，曾在紐約的飯店住宿時，因電話打不通，憤而拿起電話，摔向櫃檯服務人員，更用花瓶砸他，最後再對他補上一拳。羅素．克洛對自己一時情緒失控的惡行，雖已公開道歉，但有錄影帶為證，一旦開庭，幾乎篤定會被判處徒刑。

為了挽救影帝的演藝事業與聲望，委任律師不斷地和受傷的飯店員工協商，盼以新台幣三億五千萬的賠償金達成和解，以避免羅素．克洛的牢獄之災。

想想，羅素．克洛的演藝路，真是不順遂呀！為什麼呢？因他「脾氣不好，EQ太差」。假如他有湯姆．克魯斯的「陽光笑容」和「隨和友善」，以他的外型和演技，絕對可以在電影事業上成為風靡粉絲的超級巨星！

然而，事與願違，「個性決定命運」，為了一通電話打不通，竟然動粗毆打人，而必須賠上三億五千萬的和解金。

人，不能當「大牌」，而要當「紅牌」。

一名巨星，若無法克制自己的脾氣，就很可能變成「拒星」，而不再受人歡迎。也因此，**「笑口常開，福氣來；隨和友善，人人愛！」**

完勝人生
小故事

出國旅行時，常會聽到一些團員在路上一直埋怨「吃的餐不夠好、住的地方太差、遊覽的景點不如預期……」一直嘀咕、不斷抱怨，搞得團員們的心情壞透了，甚至烏煙瘴氣。

可是，面對相同的情況，有些團員則是靜靜地聽、笑一笑，不發一語；為什麼不生氣？因為，大家是出來遊玩的，不要任意破壞情緒，要心平氣和，才會看到好風景啊！

的確，「**靜下心來，才能遇見美好！**」人如果一直生氣、一直埋怨，好運很快就會用完，福氣很快就會跑掉，更不會看見美好，不是嗎？

其實，「**遭遇不如意、碰到不高興，都是人生的一部份。**」出國玩，是要讓自己高興的，不是要讓自己生氣、不高興的。相同地，人在工作中、在生活中，不是來製造問題的，而是來解決問題的。

生氣，絕不能解決問題，反而可能會使問題更加擴大；所以，面對不如意時，不妨笑笑告訴自己：「別生氣，要跨過去！事情的發生，必有其目的；其結果，必有正面意義！」

IBM公司曾要求員工，必須要有「三T」的觀念，也就是——「Think big, Think different, Think simple」，意即思想要寬宏遠大，思考要另類多元，認知要簡單樸實。我們或許可以再加上一個——「Think smile」，也就是用愉悅微笑的心來思考。

因為，只有為自己營造好心情，才能使自己的思考更健康；唯有微笑地「擁抱挫折和不如意」，才能用高智慧來面對問題、克服困境。

☆

網路上有一則故事說道——小張約會時遲到一小時，女朋友很生氣、疾言厲色地大罵：「像你這種不守時的男人，最可惡了，全天下只有狗才會愛上你！」

小張氣喘喘地說：「剛才……我去辦一件很……很重要的事啦！」

「辦什麼事？哪有什麼事比我們的約會還要重要？」女友很不高興地大聲說。

「我……我去律師那邊，我剛剛繼承了八千萬元的遺產……」小張說。

「啊？真的啊？」女友一聽，嚇了一跳，趕緊改口說：「汪汪……汪汪！」

人生決勝點

01

脾氣來了，福氣就不見了；少怒氣，才會多福氣！

02

別生氣，要跨過去！事情的發生必有其目的，其結果必有正面意義！

03

唯有微笑地「擁抱挫折和不如意」，才能用高EQ智慧來克服困境。

第3章
好態度，成為內在贏家

我們一站上台，
就是自己的廣告，
所以要熱情不斷，
展現微笑自信。

一個人不管是高矮、是美醜，
他的實力和內涵才是最重要，
因為，「有實力，最神氣！」
可是，人在「有實力」之外，
若還能在穿著和態度上，
令人覺得「賞心悅目、喜歡親近」，
那就更具有迷人的魅力了。

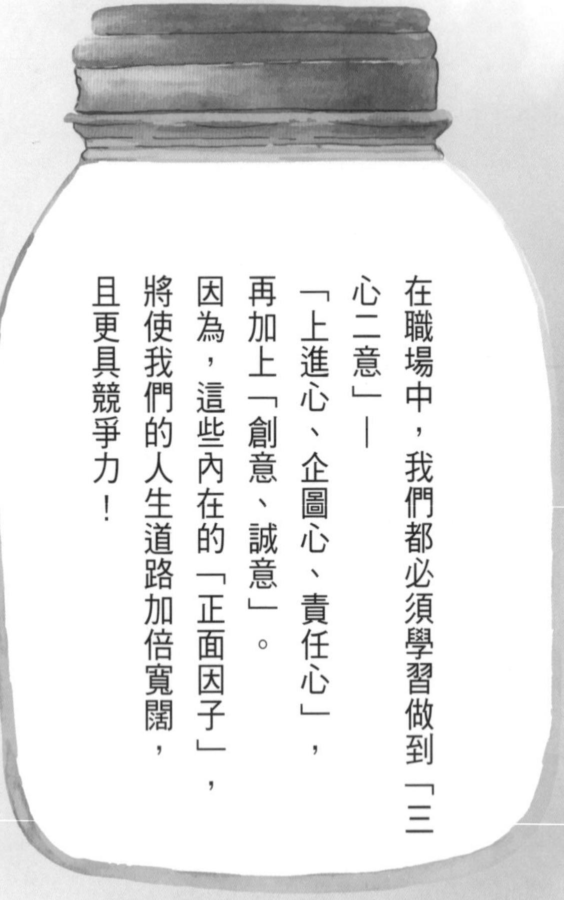

在職場中，我們都必須學習做到「三心二意」——

「上進心、企圖心、責任心」，

再加上「創意、誠意」。

因為，這些內在的「正面因子」，

將使我們的人生道路加倍寬闊，

且更具競爭力！

13

沒有魔法，只有基本功

「榮譽感」和「責任心」，才能創造奇蹟

前北一女中陳富貴校長曾在一場演說中提到，北一女樂儀旗隊，曾應邀在美國加州巴沙迪那的花車遊行中，一邊表演、一邊走了五點五英哩，大約將近九公里；哇，真是不簡單呀！

這次遊行沿途有一百萬人觀賞，也有九個電視台現場實況轉播，更在全球一百四十多個國家播放，約有五億人觀看。

您知道嗎，北一女樂儀旗隊是遊行隊伍中，唯一的女子樂儀旗隊，也是十年來唯一「兩度應邀表演的外國隊伍」。

其中，儀隊隊員穿著制服、短裙，精神抖擻、整齊劃一地操槍，甚至，在隊伍行進間「舉槍、拋槍、甩槍」，沒有一個人漏失、掉槍，幾乎到達手腳俐落、神乎奇技的地步。

不只如此，這些漂亮、身材姣好的女學生，更在行進間「向後拋槍」，而後面的隊員必須精準無誤地「接槍」；這令人目不暇給的「空中換槍」，贏得現場觀眾瘋狂的掌聲和口哨聲！

儘管外面氣溫是低寒的，女學生們的心卻是沸騰的、驕傲的、興奮的！想想有誰能撐著中華民國國旗、校旗，在美國加州首府的大道上，光榮昂首地向前邁進？而且，還有百萬人夾道歡迎、大聲喝采、大吹口哨，並透過電視轉播，讓全球五億人口看見。

在兩個半小時的遊行中，陣容一百六十二人的北一女隊伍，還被大會讚譽為——「所有遊行隊伍中，最整齊、最有紀律、準備最充分的隊伍。」

紮實的基本功，才能迎向成功

北一女儀隊隊員曾對我說，練「拋槍、甩槍」是很苦的，一不小心，還會打到自己的頭，好痛！而且，週末還不能放假，必須在陽光下苦練；掉了槍，還會挨罵，所以很多人都哭著退訓了。

然而，吃得了苦的同學，都熬了下來！她們的汗水和淚水，交織在一起；她們笑著哭、也笑著擁抱！

因為，為了這場盛會、為了達成使命，她們在三個月內不停地苦練，甚至經常在艷陽下，穿著馬靴，逼著自己嚴苛地預演十公里。但，也因此，她們創下了令人驕傲的「九十天奇蹟」。

有一句話說：「成功的法則是——No Magic, just Basic！」

是的，「**成功沒有魔法，只有基本功！**」

揚名海內外的北一女樂儀旗隊，能有什麼「魔法」呢？沒有！只有勤練的「基本功」。不管是吹奏樂器、拋槍甩槍、或是揮舞大旗，哪一樣不是靠著流汗苦練出來的「基本功」呢？

哈利波特有「魔法」，但，你我都沒有。人想成功，只有靠紮實、優異的「基本功」，才能被青睞、被喝采、被瘋狂叫好！

完勝人生
小故事

有一家百貨公司的角落，放置著一個電子秤，讓前來購物的顧客，能踏上秤，量一量自己的體重是否標準？這個電子秤很貼心，因它能虛擬人聲，用悅耳的女聲告訴顧客，您的體重是否標準？是否過重？

一天，一位身材婀娜多姿的少女踩上電子秤；沒多久，電子秤就發出一女聲說：「您的體重很輕盈、很標準，要繼續保持哦！」

接著，一位中年男子，一站上電子秤，就聽到一女聲說：「您的體重稍胖，要多運動、多節制飲食哦！」

不久後，一位身材發福的中年婦女勇敢地踏上電子秤；這次，電子秤感應時間比較久，不過，它終於用一貫悅耳的女聲說道：「親愛的顧客們，請您一個一個上來好嗎？請不要一起站上來！」

哈，人太胖，電子秤就會受不了！而且，人太胖，就不能被選為什麼「樂儀隊」或「旗隊」。

當然，這是玩笑話，不過，對於那些在隊伍中昂首前進的樂儀隊或旗隊，我們都要致上最高的敬意，因為他們都是在太陽下不停地嚴苛練習、操演，才能公開亮相、光榮獻藝。

其實，人因著「榮譽感」和「責任心」，才能使自己脫穎而出、創造奇蹟！一個人若是缺乏榮譽感和責任心，誰願意在艷陽下流汗苦練？誰能輕輕鬆鬆、不必辛苦，就得到全場的如雷喝采？

也因此，在職場中，我們都必須學習做到「三心二意」——

「上進心、企圖心、責任心」，再加上「創意、誠意」。

我們因著上進心與企圖心，就會使自己更有榮譽感和責任心，這些內在的「正面因子」，將督促、引領我們邁向成功。

人生決勝點

01

人的成功，不是靠「魔法」，而是靠「基本功」。

02

人因著「榮譽感」和「責任心」，才能使自己脫穎而出、創造奇蹟。

03

上進心與企圖心，將使我們更有榮譽感和責任心，督促我們邁向成功。

「自律」、「毅力」，
是一個成功者極重要的特質。
自律，是遵守紀律、訓練自己；
毅力，則是堅持到底、絕不放棄！
只有不斷挑戰、躍起投籃，
才能使自己成為光榮勝利的贏家。

14

相信自己，是具有魔力的

人的一生，「淚與笑」都動人

收到一名讀者的來信，她是五十八歲的蘇姓婦人，她說：

「戴老師，我在非常傷心、失望、寒心的心情下，買了您的書《不看破、要突破》，讀完之後，心裡覺得很舒暢、很開心！同時，我也為自己做了一個最好的抉擇，期許自己在六十歲生日時，送給自己一個大禮——成為一名中醫師。

戴老師，您知道嗎，很多人笑我是在做白日夢！都已經是六旬老婦了，幹嘛還那麼辛苦去考試？那是年輕人在考的呀！他們認為，我記憶力不好，怎能背得起如聖經般厚厚的中醫藥學的書籍？而且，即使通過了考試、成為中醫師，年紀也已經很大了、就快死了，還值得那麼辛苦去念書、去考試嗎？

可是，今年四月，在不是那麼用功的情況下，我把最難的國文、內科學和診斷學都考過了；我希望明年四月能通過最後一科『藥物學』，並盼九月能通過中醫師特考！戴老師，您認為我有機會嗎？我的決定是對的嗎？……」

看完這封信，我真是感動。五十八歲的她，竟然還像年輕人一樣，勇於參加國家考試，盼能一圓「中醫師」的美夢。

當我打她留的電話給她時，她甚是驚訝，而她也正在醫院勞累地忙碌著；因為，她的老伴正病重躺在床上，而且已經多次被發出「病危通知」。不過，老伴的病情時好時壞，多次進出加護病房，現在又住進隔離病房。

蘇太太說，除了國文、內科學、診斷學之外，藥物學、方劑學、生理學等科目她也都考過了。現在老伴生病了，她必須長時間在醫院病房裡照顧，身心俱疲，實在沒時間看書。

「唉，老伴要走了，總是要多陪陪他，畢竟夫妻做了一輩子，再陪也沒多久了！孩子長大了，都在美國工作、定居，不能回來看老爸，我就辛苦一點，多照顧一下老伴吧！」蘇太太聲音悲悽、難過地說著：「我不會打牌，電視也沒什麼好看的，我就多讀點書吧……」

相信自己，就能美夢成真

我沒見過蘇太太，但我告訴她，妳的決定是對的，我非常佩服！

一個人雖然年紀大了，但心中仍充滿著夢想和希望；而且還身體力行地去實踐，這是多麼難能可貴啊！

即使六十歲才拿到中醫師執照，但又何妨？因，那美好的路，妳跑盡了；那美好的仗，妳也打過了。如今，榮耀的冠冕戴在頭上，是多麼自豪與驕傲啊！

所以，不必理會別人嘲笑自己是不是在「做白日夢」。只要腳踏實地、付諸行動，白日夢也會有美夢成真的時候！

因為，「相信自己」，是具有魔力的，它潛藏著巨大的力量；只要相信自己能，妳就一定能啊！

完勝人生
小故事

彰化縣秀水鄉，有一位六十六歲梁姓婦人，她不識字，也聽不懂國語，所以在參加輕型機車駕照考試時，抱回了鴨蛋；但她不氣餒，再考，還是零分。

可是這婦人說，她雖然沒讀書，但從小就被父母告誡，不能做違法和違背良心的事情！所以，儘管警察不會抓年長者無照騎機車，但那也是違法的；也因此，這婦人堅持要憑著自己的努力，考到駕照，才算對兒孫有所交代。

您知道嗎，梁姓婦人每次考，都沒有通過標準，考到第四十九次時，只拿到七十二點五分，和及格的八十五分還有些差距。

不過，監理站站長被她的毅力所感動，決定破例為她開「家教班」，指派承辦員擔任她的輔導老師，每天下午幫她特別輔導。

第五十次考試時，下著雨，梁女士依然冒雨應考。她看不懂文字，由主考官口述題目，她拿筆作答；考完，宣布成績——九十二點五分，過關！而梁姓婦人，當場喜極而泣！經過四十九次失敗，她成功了，考上駕照了，終於可以在看到警察時，不必擔心受怕了。

人的一生，「淚與笑，都動人啊！」

一而再、再而三、三而四……失敗了，真是難過啊！有淚水、有委屈，只能往自己肚子裡吞。誰叫自己這麼歹命，從小沒念書、不識字、聽不懂國語。

可是，只要有心、肯堅持，即使失敗四十九次也不放棄，等到第五十次，終於享受到成功的甜美笑靨和果實！

「自律」與「毅力」是一個成功者極重要的特質。

自律，是遵守紀律、訓練自己；毅力，則是堅持到底、絕不放棄。

在運動場上，有一項鐵則，那就是——「一昧防守，阻擋別人進攻，只能降低對方得分機會，但不會為自己加分。」

相同地，我們在人生道路上，光是一昧地以保守心態來做「防守」，只能使自己平淡、平凡地過日子，但不會為自己拿下高分；只有不斷地挑戰、突破、進攻，或躍起投籃，才能使球兒入網得分，也才能使自己成為光榮勝利的贏家。

人生決勝點

01

「相信」的力量是具有魔力的；只要相信自己能，你就一定能。

02

自律，是遵守紀律、訓練自己；毅力，則是堅持到底、絕不放棄。

03

在人生道路上，要不斷地挑戰、突破、進攻，才能成為光榮勝利的贏家。

「自己穿得漂亮，心情就會很好；
而且，老師看到我們穿著正式，
就會覺得這家長很用心、很認真，
也就會更看重我們的小孩啊！」
真的，先看重自己，
別人也就會更看重我們呀！

15

人的態度，就是自己的形象廣告

做個充滿信心的「內在贏家」

一家航空公司招考一百二十名空服員，結果有六千多人前往報考，競爭十分激烈。新聞報導中說，其實面談和口試，並不是在報考人坐下來，與主考官談話時才開始；真正的考試，是從報考人一踏入華航、報到、貼上號碼牌之後，立即開始。

假如，報考人走路駝背、沒有挺胸，或打呵欠、遇人沒笑容，則四周就有評審委員偷偷地在替你打分數、扣分了！

事實上，我們每天在上班、工作，也有許多人暗自地在給我們打分數。有個公關公司老闆對我說，最近他剛解雇一名上班不到一個月的女職員。為什麼？因為這個女職員經常在九點上班時，手裡拎著早點匆匆來上班；而下班時間一到，她就換上涼鞋，匆匆地趕著要離開。

「這成何體統嘛！幹嘛拎早點來上班，又穿涼鞋趕著離開？人家警衛看了，會覺得我這個公司的人都太隨便了嘛！」那個老闆嚴肅地對我說。

的確，人際互動中，對別人的感覺都會有「初始印象」；假如對方的言談舉止很優雅、端莊，態度很認真，就會有**「美麗的散逸效果」**，我們就會逐漸地喜歡他。相反地，如果一看到對方，走路垂頭喪氣、無精打采，甚至是女孩吞雲吐霧，就會產生**「醜陋的散逸效果」**，別人也都會給我們打負面的分數啊！

所以，**「人的態度，就是自己的形象廣告。」**

而且，**「我們一開口說話，別人都在為我們打分數啊！」**

先看重自己，別人也就會看重我們

我太太是個滿節儉、不亂花錢的人，她從來沒自己去逛街，或買什麼名牌皮包、服飾，也沒去給人做過頭髮、或作臉。不過，她倒是挺費心地買了不少「平價衣服」，每天都換穿不同的漂亮衣服，到學校去接送兒子、女兒。

問她幹嘛穿那麼正式的衣服去學校？她說：「自己穿得漂亮，心情就會很好啊！而且，老師看到我們穿著正式、體面，就會覺得這家長很用心、很認真，也就會更看重我們的小孩啊！」

的確，當自己先「看重自己」時，別人也就會「更看重我們」，也會給我們較高的評價和對待。

曾有一位小姐在電話中和我聊了一陣子之後，突然對我說：「戴老師，你是不是生病了？」我一聽，愣了一下，我並沒有生病啊！可是，完了，完了，我們在電話中的聲音，給別人的感覺像是「生病」一樣，真是太糟糕了！

真的，當我們太累了、或心情不好時，電話裡的聲音，給人的感覺像是生病了，此時別人就正在給我們「扣分」、「打負分」啊！

所以，我在電話機上貼了兩個字「微笑」——提醒自己，講電話時要「嘴角上揚」。而走路時，也儘量挺胸、縮小腹；因為，雖然我是矮個子，但我要讓自己更有精神、更帥氣！

完勝人生
小故事

在美國紐約的曼哈頓，有個名叫艾斯皮諾的四十二歲男子，有一天突然「頓悟」，覺得他的名字不好聽，應該改名為「耶穌基督」比較好；於是，他向曼哈頓地方法院申請改名。

後來，民事庭法官樂貝黛福女士批准他的申請，而且立即生效；從此，這男子就改名為「耶穌基督」。樂貝黛福法官表示，只要沒有其他同名的人提出異議，申請改名通常不會被法院駁回。

另外，在猶他州也有一名男子，在二〇〇三年透過法律程序，把自己的名字改成「Santa Claus」（耶誕老人的名字）。

想一想，把名字改成「耶穌基督」，就會比較好運嗎？恐怕不見得！因為，名為「耶穌基督」，可能每天都有人用異樣的眼光看他，或一直盯著看他的行為是否怪異？聽他會不會講髒話罵人？會不會跟人鬥嘴吵架？背著「耶穌基督」的名字，壓力應該會很大才是。

其實，名字雖然很重要，但自己的「內在信心」更重要。一個人，即使外表很帥、或很美麗，卻沒有自信、談吐不優雅、待人不誠懇、說話沒有誠信，又有何用？

所以，**「外在形象」很重要，但「內在信心」更是重要；自己必須是個有信心的「內在贏家」，才能展現出令人愉悅、受人歡迎的特質。**

一個人，只要有精神、有自信、有實力，就是自己最佳的「形象廣告」。

☆

有位高中女生，撿到一張公車殘障車票，她想趁著人多的時候，魚目混珠地擠上公車，不料，卻被眼尖的司機抓包，逮個正著。

司機對女生說：「同學，我看妳好手好腳的，怎麼會拿著殘障優惠票呢？」

女學生靜默一下，低著頭、紅著臉說：「你沒看到我沒有胸部嗎？」

啊？沒有胸部？這也叫殘障？……

人生決勝點

01

我們一開口說話，別人都在為我們打分數。

02

先「看重自己」時，別人也就會「更看重我們」。

03

做個有信心的「內在贏家」，才能展現出令人愉悅、受人歡迎的特質。

人有時會扮演「高個子」與「矮個子」的角色，
「高個子」是態度高傲、自以為是，
從不肯低下頭來，或不懂得尊重別人；
而「矮個子」的角色，是沒有自信，
心中充滿自卑、或常嫉妒別人，
總覺得自己不如別人。

16

自信，是輸贏勝敗的關鍵

有內涵與才華，也要端莊得宜

有一位國中老師對我說，她指導一名學生去參加全縣演講比賽；這位男學生的資質和口才都很好、實力也很棒，老師們都認為，他得到前三名是絕對沒有問題！可是，到了比賽現場，老師一看到這學生，傻眼了——

「天哪，你怎麼搞的，怎麼穿個牛仔褲來？」老師一看到他的穿著，氣炸了：「我不是告訴過你，一定要穿正式一點的服裝來嗎？」

「有什麼關係呢？演講比賽不是比口才、比實力嗎？穿牛仔褲有什麼不可以？幹嘛一定要穿那麼正式？……」學生耍酷地說。

然而，一開始比賽，這學生看到來自各校的菁英，高手如雲，一個個都整齊打扮，男生打領帶、女生穿漂亮洋裝，這學生當場愣住；他原本的自信和氣勢不見了，心情頓時受挫，立刻矮了半截，態度也變得有點畏縮。結果，成績一揭曉，原本信心十足的他，沒有拿到任何名次。

其實，一個人的穿著，令人「賞心悅目」，是一種禮貌。

當然，演講比賽中，表達技巧、口才魅力很重要，但是，外表的穿著「端莊、大方、得體」，就是對裁判、觀眾的一種尊重。

賞心悅目、端莊得宜，是一種禮貌

記得我在美國唸研究所時，教授規定，期末報告要上台做口頭報告的同學，一定要穿著正式；就像在職場一般，男生都得穿西裝、打領帶，女生都得化淡妝、穿套裝。

為什麼？因為教授要求——每個人都要「看重自己」、用心「要求自己」；也唯有先看重自己，別人才會看重我們。

所以，**「我們一站上台，就是自己的廣告。」**

當我們還沒有開口說話時，其實，別人都已經在為我們打分數了。我們的穿著若不得體、太隨便、太輕佻，別人就會給我們「負面評價」；即使實力再怎麼強，整體的印象分數，也會大打折扣。

我女兒在唸幼稚園時，參加鋼琴老師舉辦的「小小鋼琴演奏會」。會後，老師感嘆地說，怎麼會有家長讓小女生穿牛仔褲在舞台上彈鋼琴呢？太隨便了吧！家長不都應該讓孩子打扮得像「小公主」、「小紳士」一樣上台表演，來培養他們的「自信心」和「榮譽感」嗎？

的確，**「賞心悅目、端莊得宜」是一種禮貌和尊重，更是自信的表徵。**

因此，一個人的實力和內涵很重要，因為，「有實力，最神氣！」

可是，人在「有實力」之外，若還能在穿著和態度上，令人覺得「賞心悅目、喜歡親近」，那就更具有迷人的魅力了。

完勝人生

小故事

有兩個男大學生在一起聊天，聊到外表與長相時，其中甲男生就問道：「你說，你選擇女朋友時，是比較重視她的美麗外貌、還是內涵？」

乙男生回答：「那當然要看她是否有美麗外貌啊！」

「我看你很現實、很膚淺耶，你難道不知道美麗的外表只是短暫的嗎？」甲男生說。

「我當然知道美麗是短暫的，可是，醜陋卻是永恆的啊！」乙男生回答道。

當然，這是網路上的玩笑話，因為，一個人光有美麗的外表，卻沒有高貴的內涵和氣質，又有何用？相反地，有些人或許沒有美麗、俊帥的外表，但其談吐優雅得宜、衣著端莊合宜，就會散發出自信的魅力。

眾所皆知，我們都不要「以貌取人」，因我們永遠不知道，一個普通、平凡或很不起眼的人，他很可能是很有智慧、才華、或是很有錢財的人。

所以，一個人最重要的是他的「內涵、價值、才華」，而不是他的外表。不過，在一些重要的場合，人的外表卻不能不加以重視，因為那是「看重自己、尊重別人」的表現。

☆

在現實生活中，有時我們的心態會扮演「高個子」或「矮個子」的角色。

「高個子」是態度高傲、自以為是，從不肯低下頭來，或是隨心所欲、為所欲為，不懂得尊重別人；可是，有些人也可能扮演「矮個子」的角色，他沒有自信、心中充滿自卑，或常嫉妒別人，總覺得自己不如別人。

事實上，一個人不管是高、是矮、是美、是醜，「自信」才是決定輸贏勝敗的關鍵。

我們都要穿著得體、神采奕奕、充滿自信，用全新的自我，勇敢地啟程向前行。

人生決勝點

01

「賞心悅目、端莊得宜」是一種禮貌和尊重，更是自信的表徵。

02

一個人最重要的是他的「內涵、價值、才華」，而不是他的外表。

03

一個人不管是高矮、是美醜，「自信」才是決定輸贏勝敗的關鍵。

的確，人在功成名就、荷包滿滿時，
就會開始懈怠、開始走下坡；
因為，人生最容易走的路，
就是「下坡路」；
可是，不繼續練跑、不繼續流汗揮拍，
冠軍的榮耀，就會拱手讓人了！

17 要守住成功，一直走在巔峰

專注、堅持，才能讓別人看到你

我不太懂網球，但看網球。幾年前，在溫布頓網球賽中，曾經拿下七座大滿貫冠軍的小威廉絲，竟然在第三輪中失誤連連，敗給名不見經傳、排名八十五的選手，而提早出局。

本來，威廉絲姊妹在網球場上，是所向披靡、戰無不勝的球員；當然，她們所付出的心血與努力，也是眾所周知與肯定的。

然而，因小威廉絲的外務日漸增多，常把時間放在戲劇和服裝設計上，也在打球之餘跑去演戲、配音，甚至自己開起公司、親自督導業務……您說，一名世界頂尖的球員，怎麼可能做這麼多事？

正因為小威廉絲的練球時間減少了、分心了，球技自然不像處於巔峰狀態一般地犀利；也因此，在球場上敗給名不見經傳的選手，也就不令人意外了。

記得我在馬來西亞演講時，一名華人青年對我說：「戴老師，成功很不容易，但，要守住成功更難哦！」

真的，要守住成功、要一直走在巔峰，真是很困難；就像是「在鋼索上跑百米」一般，要戰戰兢兢、全神貫注、全力以赴。

所以，**「心手合一、專注於一，才能拿第一！」**

其實，小威廉絲在第一輪時，險勝的對手，是她從小在貧民區長大的玩伴海妮絲。海妮絲談到威廉絲姊妹為何失去網球霸業時，她說：「當妳的銀行存款裡有三千萬美金時，妳絕對不會還想每天練跑十五英哩！」

的確，人在功成名就、荷包滿滿時，就會開始懈怠、開始走下坡！因為，人生最容易走的路，就是「下坡路」；錢賺夠了，幹嘛還天天練跑十五英哩？然而，不繼續練跑、不繼續流汗揮拍，冠軍的榮耀，就會拱手讓人了！

不過，後來小威廉絲開始收心，專注網球訓練與國際比賽，成績與排名，就逐漸回升到少有人能匹敵的佳境。

專注於本業，才是成功的保證

曾經有朋友找我投資生意、或買未上市股票，但我對做生意不懂，就不顧情面地婉拒了；後來，也都暗自慶幸：「還好當時沒去投資，否則現在就被拖垮了！」

也曾有人找我做廣播、做電視，或選民意代表，可是，我自認才疏學淺、不是那塊料，也沒有那種天份和興趣，個性不合適，所以都拒絕了。

真的，我們的智慧、能力、時間和體力都有限，我們不能什麼都做，否則「樣樣通、樣樣鬆」啊！

所以，**人到了三、四十歲，就必須深切了解—自己「有什麼」、「沒有什麼」？自己「懂什麼」、「不懂什麼」？不懂、不熟的外務，就不要分心、分神地亂投資。**

唯有「專注、專精」在自己的領域和本業，才是成功的保證啊！

完勝人生
小故事

美國一家 Pinnacle 小航空公司的正副駕駛，在開著一架五十人座的回航班機時，看機上沒有乘客，竟在飛機上開起玩笑，想要「找點樂子」。

找什麼樂子呢？正副駕駛兩人瞎起鬨，竟想要挑戰飛機的高度極限，而且還在飛機飛行時「互換位子」。

根據通話記錄器顯示，當飛機不停地往上衝時，正駕駛一直喊：「太酷了」、「老兄，我們辦得到，衝上四萬一千英呎（約一萬二千五百公尺）吧！」

另一人也喊：「寶貝，我們辦到了，已經四萬了……」

可是，正當兩人互換位子、大聲嘻鬧時，駕駛艙發出「飛機失速」的自動警告；後來，大事不妙，飛機引擎故障、完全失控，而一頭栽落地面，墜毀在密蘇里州的民宅區，正副駕駛也當場喪命。

人，經常容易得意忘形，忽略必須「專注」，才能順利達

成目標、完成使命；也因此，「專注力」常是勝負的重要關鍵！

大陸國家跳水隊的「跳水王子」田亮，曾經拿下雅典奧運的跳水金牌；而他與郭晶晶的「亮晶晶」組合，更是令人津津樂道。

可是，儘管田亮拿下奧運金牌，後來卻被中國體育總局從國家跳水隊中除名。為什麼？中國體育總局指出，跳水隊備戰二〇〇八年北京奧運，時間緊迫、壓力很重，所有運動員都必須全心投入。

然而，田亮自從拿下金牌後，外務過多，四處密集趕場參加商業活動，包括許多未事先徵得游泳中心同意的廣告性活動，甚至私下簽約進入娛樂圈，嚴重違反國家體育總局的規定和紀律。因此，他不再適合做國家跳水隊的隊員，而將他調回陝西隊。

看到這樣的新聞，心中真的感到無限感慨與警惕。的確，奧運金牌的榮耀和美譽實在是很閃亮，走到哪裡也都是鎂光燈焦點；可是，下一個目標呢？還要不要爭取奧運金牌呢？要，就要「收心」、「專注」，進入忘我境界，不能讓自己分心、失去精神專注力。

因此，**「專注、堅持，才能讓別人看到你。」**

要找到最合適的位置，用「最堅定的腳步」和「最專注的自律」，才能讓自己一步一步地接近目標啊！

人生決勝點

01

要守住成功、要一直走在巔峰，就要戰戰兢兢、全神貫注、全力以赴。

02

「心手合一、專注於一，才能拿第一。」

03

唯有「專注、專精」在自己的領域和本業，才是成功的保證。

人的心，放在哪裡，
注意力，就在那裡！
人的時間花在哪裡，
成就就在那裡！
我們要「擁抱失敗、熱情不斷」，
也使自己的心，保持火熱、生生不息！

18

熱情不斷，微笑展現自信

人是為勝利而生的

美國自行車選手藍斯．阿姆斯壯，在二十五歲那年罹患了睪丸癌，而且癌細胞已經蔓延至胸部及腦部，醫生告訴他存活機率不到一半。這對正值黃金歲月的阿姆斯壯來說，真是晴天霹靂，因為一個從事自行車的選手得了癌症，如何繼續踩著自行車，騎向動輒千百公里的比賽終點？

在切除一顆睪丸，以及做過腦、胸的化療手術之後，阿姆斯壯不向命運低頭，又重回到自行車賽道，而在「環盧森堡自由車賽」中獲得冠軍；之後，他又在「環法自由車賽」中，連續七年創下不可思議的「七連霸」輝煌紀錄。

環法自由車賽是全世界最艱困的比賽，全程將近三千五百公里，共分十二站，必須在二十幾天之內完成；而在這項嚴峻的賽程中，沿途有許多崎嶇山路，考驗著各國選手的「體力、耐力與毅力」。

然而，阿姆斯壯不理會癌細胞的侵襲，勇敢地走出自己的生命，騎著自行車馳騁向前！也因此，他連續三年都擊敗眾多運動好手，而獲選為「全美最佳運動員」。

阿姆斯壯不僅是一個「抗癌高手」，還創造了流行。當時全美國有超過五千萬人，手上戴著「勇敢活下去」（Livestrong）的黃色手環；也因為他，有成千上萬的美國人前往法國旅遊，去看他在比賽中所經過的阿爾卑斯山、庇里牛斯山的美麗風光和景色。

阿姆斯壯奮鬥不懈的抗癌精神，不僅成就了自己，也成為無數癌症病人的英雄楷模。

在他參加環法大賽期間，《今日美國報》更開闢了「寫信給阿姆斯壯」專欄，許多癌症病患寫著，他們每天都流著眼淚，在電視上看著阿姆斯壯令人肅然起敬、讚嘆不已的壯舉。

違法服用禁藥，被取消榮耀與頭銜

不過，後來阿姆斯壯被檢驗出，他長期違法服用禁藥；也因此，他被取消七個環法自行車賽冠軍頭銜，並追回三百多萬美金的獎金，也終身禁賽。

當然，違法服用禁藥是不對的，我們不能效法；可是，阿姆斯壯的故事也告訴我們——

天，不會下黃金雨；地，也不會結金蘋果！一個人的夢想，如果不去實踐，那只是一個「夢」、一個「想」而已。

我們每個人都要懷有「夢想」和「希望」，讓自己——「有彩虹可期待」、「有好歌可歡唱」，也和種樹的人一樣，親手種下了「希望」！

而且，只要有「百分之一」的希望，我們都可以用「百分之一百」的力量，努力去實踐它，而讓夢想和希望，都能成真。

但是，在追求成功的過程，我們一定要用合法正當的方法，絕不能用「非法」的方法，來達到成功的目標。

完勝人生

小故事

人生在遭遇挫折、不如意時，不要唉聲嘆氣、也不能怨天尤人，必須勇敢選擇「走出自己、勇敢活下去」的一條路。

人的心，放在哪裡，注意力，就在那裡！

人的時間花在哪裡，成就就在那裡！

我們必須「把心管好」，不能讓它亂跑，要讓心放在正確的地方，努力追尋、不能錯放。所以，人即使歷經挫敗，也要「擁抱失敗、熱情不斷」。

一個人只要熱情不斷、微笑展現自信，就能使自己的心，保持火熱、跳躍、生生不息！

外型高大、英俊的電影明星洛赫遜（Rock Hudson），身高一九〇公分，經常飾演男主角，因他在銀幕上的外型十分耀眼，若叫他演個反派小角色，真的很沒說服力。

然而，洛赫遜在現實生活之中，因愛滋病而過世，震驚影壇。他在生前說了一句話：

「I can't play a loser. I don't look like one.

（我不能扮演輸家角色，因我看起來不像。）」

你我看起來像個「輸家」嗎？

不，你我絕不能看起來像「輸家」，我們都必須看起來像個「贏家」！因為，你我都是為勝利而生的，我們這一生，都必須是「贏家」，不是嗎？

人生決勝點

01

一個人的夢想，如果不去實踐，那只是一個「夢」、一個「想」而已。

02

只要有「百分之一」的希望，我們都能用「百分之一百」的力量去實踐。

03

你我都是為勝利而生的，我們這一生，都必須是「贏家」！

第4章

夠堅持，夢想就不遠了

世界，是屬於有勇氣的人，別太在意別人的嘲笑與批評。

當我們勇敢地為自己的前途努力打拚時，
別理會別人的居心打擊和扯後腿，
也不必去管他人的嘲笑與質疑，
我們都要像太空人一樣勇敢向前，
只要一心盯住目標、立即行動，
直到美夢成真的那一刻到來！
因為，夢想只留給一心想贏的人。

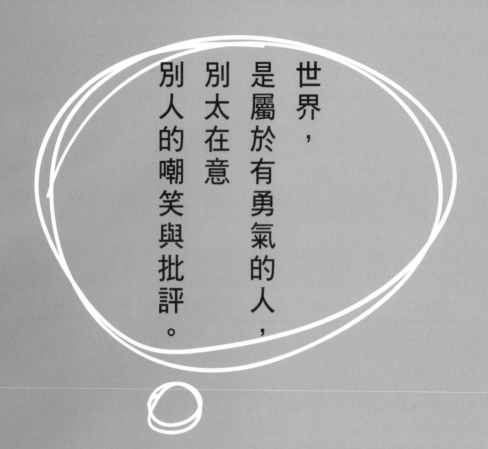

人只要擁有自信，
薪水少、待遇稍差，都沒關係，
因為，有實力的人終會有大成就！
就像「小辣椒，不必大，就會辣死人！」
也像最新科技奈米——
「奈米愈小愈神奇啊！」

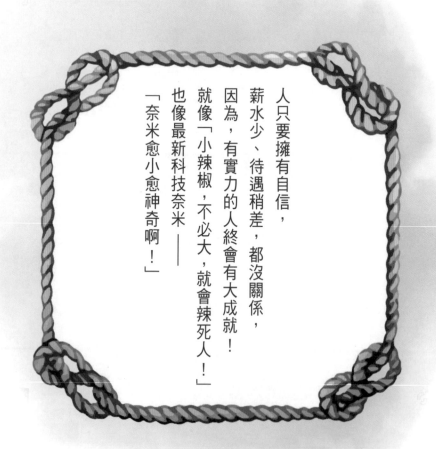

19

自己的實力，才是最佳保障

有實力，最神氣；有志氣，不洩氣

年輕時，我剛從美國唸完碩士返台時，曾報考台視記者，但落榜了。當時，其他電視台並沒有招考電視記者，於是，我寫了一封毛遂自薦的信，給「華視新聞雜誌」製作人，希望有機會到該節目去見習，沒有薪水也沒關係。

後來，製作人答應讓我去見習，也讓我試著擔任節目中一個單元的執行製作；我印象很深，那是到台東武陵去採訪「外役監獄」的故事。

節目播出後，長官的評語不錯、觀眾的迴響也不差，可是那個月之中，我只有機會製作這一個單元；不過，我仍很興奮他們付了七千元的酬勞給我。

那時，我擁有碩士學位，一個月卻只拿七千元，實在很少；但我不抱怨，因為我喜歡這項工作，只要給我機會，讓我能夠表現自己的能力，我就很滿足了！

第二個月，機會來了，長官每個星期都指派任務給我，所以，第二個月我拿了兩萬八千元的酬勞。不久後，長官讓我成為該節目正式的約聘人員；又在半年之後，參加華視記者的第一次公開招考，最後以第一名的成績，成為正式的記者。

最近，在電視上看到一名人力銀行的主管談到，年輕人剛踏入社會就業時，不要太考慮待遇的高低；要考慮的是，該工作是不是具有「前瞻性」、是不是自己的「興趣所在」？

假如，你非常喜歡該項具有前瞻性、挑戰性的工作，即使待遇不高，你也可以試著全心投入，讓自己有機會來表現實力，那麼，好運也就會接著而來！

該主管同時也提到，年輕人到「超商」或「速食店」打工，當然也是很好，但那樣的「打零工經驗」，對自己的未來求職，並不會有很大的幫助；因為很多公司認為，到超商或速食店打工，並不是真正的專業工作經驗，那只是賺點外快而已。

自己的專業能力，才是最佳寶藏

的確，在剛就業時，我們如何能要求公司給予優渥的待遇？自己所能要求的，只是一個「表現機會」就夠了。只要有實力、肯吃苦，也找對適合表現的舞台，就可能一炮而紅呀！

所以，剛開始，薪水低，又何妨？只要自己「有料、有實力、有創意」，別人就會注意到你「這個寶」，自然會來挖角、挖寶呀！

有個年輕人在求職時，詢問老闆說：「請問，貴公司能提供我什麼福利和保障？」

老闆回答說：「小老弟，社會這麼不景氣，有一天，我的公司也有可能會倒閉；你知道嗎，你的專業能力，才是你自己的最佳保障。我的公司只能給你薪水，但不能給你保障。」

真的，咱們社會天天有那麼多的裁員、抗爭和勞資糾紛，每家公司都隨時可能有危機，誰能給我們堅定的保障？

自己的能力和實力，才是最佳的「寶藏」和「保障」啊！

完勝人生小故事

網路上流行一則小故事——有一個很有錢的富豪長了腦瘤，醫生說，一定要換腦才能根治。於是，這富豪問醫生：「如果換大學生的腦，要花多少錢？」

醫生說：「現在的大學生都貪玩、不愛念書，很少動腦筋，所以他們的腦都很新，一斤要兩萬元。」

富豪又問：「那如果換教授的腦呢？」

「教授們的腦都被操得很舊了，年紀也大了，不太值錢，一斤腦大概一萬元就夠了！」醫生說。

富豪接著又問：「那立法委員的腦呢？」

醫生說：「立委的腦一斤要五十萬元。」

「啊？一斤要五十萬元哦，怎麼會那麼貴？」富豪大吃一驚地問。

「哪裡會貴？」醫生回答說：「你知道，現在要有多少立委，才能收集到一斤有用的腦嗎？」

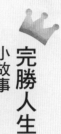

一個人的「腦」和「心」是最重要的，人若「無腦、無心」，不懂得自己的優勢、也不清楚自己要什麼，而只是汲汲營營地賺錢，盲目地瞎忙，到後來，很可能是浪費自己的青春生命。

也因此，年輕人必須「弄清優勢、考量性向、想遠一點」。

或許，做「牛後」，自己好像是牛，搞得自己一點信心都沒有，十分洩氣；相反地，當「雞首」，卻讓自己信心十足，充滿鬥志、春風滿面啊！

所以，「有實力，最神氣」、「有志氣，不洩氣」。

人只要擁有自信，薪水少、待遇稍差，都沒關係，因為，**有實力、肯努力的人，終會有大成就。**

就像辣椒——「小辣椒，不必大，就會辣死人！」

也像最新科技奈米——「奈米，愈小愈神奇啊！」

人生決勝點

01

只要有實力、肯吃苦，也找對適合表現的舞台，就可能一炮而紅。

02

自己的能力和實力，才是最佳的「寶藏」和「保障」。

03

我們都要「弄清優勢、考量性向、想遠一點」，掌握清楚的目標和方向。

當太空梭升空、衝向天際時，
一切事物都已遠遠拋落在後了。
當我們勇敢奔向目標、
為自己的前途努力打拚時，
身旁所有閒言閒語、批評嘲諷，
都已遠遠地落在我們後面了！

20

世界，是屬於有勇氣的人

夢想，只留給一心想贏的人

我曾帶兒子、女兒到科學教育館去看「星際奇航」的科展。在那裡，兒子興致勃勃地看著太空星球的奧秘，也了解太空人登陸月球、與探測火星的故事；同時，也知道了太空人在太空梭的無重力狀態中，如何吃飯、睡覺和洗澡。

在參觀展覽時，我看著太空梭升空的畫面——太空梭從發射基地緩緩升空，熊熊的火焰和衝力，把太空梭直直地推向藍天！太空梭不停地往天際飛奔，一直衝、一直衝，鏡頭也一直跟著它，讓大家看到太空梭載著太空人，衝向那不可預知的天際宇宙……

在電視上看火箭或太空梭升空的畫面，這已不是第一次了，可是，這次看到這一幕，心中卻有一股莫名的感動，眼眶不禁濕紅了。為什麼？因為我突然想到——如果太空梭中坐的是我的兒子，我不知道會是多麼地光榮和驕傲？但，也可能是多麼地心疼、不安與焦慮。

因他要去的地方，是一個未知的世界、是一個無法自己掌握的外太空；以前，美國太空梭「挑戰者號」，就曾在升空後不久，立即在空中爆炸、解體！

不過，話說回來，每個太空人心中所堅信的，是「挑戰自我、邁向巔峰」的勇氣與信念；明知道那無垠的宇宙是神秘不可測的，也可能是充滿危機與變數的；但，為了成就人類探知星球宇宙的夢想，他們勇敢地坐上太空艙，奔向沒空氣、沒重力、沒家人，甚至可能無法返回地球的幽暗星際！然而——

他們的**「目標」**，是明確的，他們知道自己要去哪裡。

他們的**「信念」**，是堅定的，他們知道自己所做的，是有益人類的事。

他們的**「行動」**，是積極的，他們充分準備、也經年累月地演練。

他們的**「態度」**，是專注的，他們定睛向前、永不退縮，直到成功返航為止。

別太在意別人的嘲笑與批評

我們每個人，豈不都要和太空人一樣，秉持著大無畏的精神，堅定信念、專注投入，往自己訂下的目標勇往直前、絕不放棄！

想一想，王永慶、郭台銘、張忠謀、林百里、施振榮等多位先生，他們在創業之初，怎能知道有朝一日，會有現今輝煌的成就？

其實，他們就像太空人一般，只是憑著自己的用心準備、堅定信念，與不退縮的毅力，專注地往前飛奔、衝向那不可知的未來。然而，他們做到了，也像太空人一樣成功地返航了，並享受著千萬人的喝采、掌聲與榮耀！

您知道嗎，當太空梭升空、衝向天際時，一切事物都已遠遠拋落在後了。

當我們勇敢地奔向目標、為自己的前途努力打拚時，身旁所有閒言閒語、批評嘲諷、訕笑輕視……都已遠遠地落在我們後面了。

所以，別理會別人的居心打擊和扯後腿，也不必去管他人的嘲笑與質疑，我們都要像太空人一樣勇敢向前，直到「成就自己、美夢成真」的那一刻到來！

完勝人生
小故事

期中考結束後，數學老師於發下考卷前，宣布了全班的考試成績。

老師說：「這次數學考試，成績分佈得滿特別的，九十分以上和八十分以上的人數一樣多，而且，七十分以上的和六十分以上的人數，也是一樣多！」

哇，全班同學一陣叫好、歡呼！

後來，一名男同學問老師：「那不及格的人數有多少呢？」

老師吸了一口氣，緩緩地回答說：「不及格的人數和全班的人數一樣多！」

其實，數學成績不好，也沒啥關係啦！以前我的數學也很糟糕，不及格是常態，及格才是意外。

然而，現在回想起來，不懂什麼三角函數、機率，或不會微積分，又有什麼關係；因為，人生的路有千萬種，學業成績差，不代表走投無路呀！

不久前，日本有一家公司要招考三、四名幹部，他們老闆想出了一個辦法，就是將面試的地點，從冷氣房的辦公室，移到日本最高峰「富士山」；想要來應徵的人，都必須用行動和毅力，來證明自己的誠意和勇氣。

富士山高度超過三千七百公尺，氣溫很冷，山上積著雪；可是，這是一家很棒的公司，您想被錄取嗎？想要被錄取，就得不畏艱難，勇敢地向「高度和難度」挑戰！而且，在面試之前，該公司的員工，已經把面試時所需要的桌子、椅子全搬上富士山頂，老闆的創意說到做到。

面試當天，山上的天氣溼冷陰霾，但是，有五十多名大學畢業生成功地爬上富士山頂，積極爭取三到四名的就業機會。

美國一次最新的調查顯示，在有夢想的人當中，百分之八十五的人「根本都沒有採取行動」。也就是說，只有百分之十五的人，會有「達成目標、積極圓夢的行動力」。

哥倫布說：「**世界，是屬於有勇氣的人！**」

也有人說：「**夢想，只留給一心想贏的人！**」

真的，只要一心盯住目標、立即行動，再加上必勝必成的「決心和毅力」，就可以「把不可能化為可能」、「把夢想變成真實」！

人生決勝點

01

別理會別人的批評嘲諷、居心打擊和扯後腿；要勇往直前，讓美夢成真。

02

只要有信念和決心，人的成功方式，也有千萬種。

03

「世界，是屬於有勇氣的人；夢想，只留給一心想贏的人！」

做事情，不僅要把它做「完」，
而且還要把它做得「完美」，
讓別人豎起大拇指稱讚才是！
「敬業、熱忱」，常是別人評價我們
的指標，
只要抱持「認真付出、真心投入」的
態度，
就會換得別人的讚賞與口碑！

21

認真敬業，讓幸運找上你

幸運，是自己爭取來的

孩子小的時候，我帶他們到百貨公司的美食街吃鐵板燒，正當廚師在我們面前切炒食物時，唸幼稚園的女兒突然大聲地對我說：「爸爸，今天這兩個廚師都好胖哦！」

天哪，女兒怎麼會在人家面前講這種話？我趕快叫女兒閉上嘴巴，不要再說話了！那兩名廚師真的都很胖，可是，孩子年紀小，還沒有經過「社會化」的學習，不知道有些「真心話」，是不能隨便在別人面前說的。

平常，女兒有個鋼琴老師，會依約定的時間到家裡來教鋼琴。

這名鋼琴老師是音樂研究所的學生，她有個不太好的習慣，就是經常遲到；而且，上課遲到時，通常不會先打電話告知。

有一次，女兒下午五點的鋼琴課，老師五點十五分才到。可是，上課時，她的手機響了，而且，在五點五十五分就說：「好了，今天上到這裡，下課了！」

鋼琴老師向內人領取鐘點費時，手機又響了；她說：「你到了？好，我馬上下來！」

顯然地，是老師的男朋友來接她。這時，唸小一的兒子從書房跑了出來，天真直率地大聲對鋼琴老師說：「老師，妳是不是有毛病啊！妳五點十五分才來，應該要上到六點十五分才對，怎麼五點五十五分就要走了？」

兒子這麼一講，內人當場傻了眼，老師也呆愣在一旁。

事實上，兒子並沒有說錯話，他只是不太禮貌、天真地說了「誠實話、真心話」而已啊，何必去苛責他呢？如果兒子有說錯話，只能說，他不像大人，不懂得「掩飾和修飾」自己的話語罷了。

認真付出、真心投入，換得讚賞與口碑

其實，一個人的「做事態度」和「敬業精神」很重要。上課教學生，怎能容許自己遲到又早退？怎能容許自己分心接電話、等待別人來接送？

做事情，不僅要把它做「完」，而且還要做得「完美」，讓別人豎起大拇指稱讚才是。

就像我兒子的英文家教，她一進入我家，手機立即關機，專心、開心地以英語和兒子遊戲、教學；而且，還用心準備不同的教具、教材和小禮物，來引發孩子的學習興趣。

也因此，**「熱忱」是我們工作時所需具備的態度。**一個老闆絕對可以看得出來這員工是來「混時間、領薪水」，或是「熱愛工作、全心投入」？

因為，**「積極、敬業、熱忱」常是別人評價我們的指標；只要抱持「認真付出、真心投入」的態度，就會換得別人的讚賞與口碑啊！**

完勝人生

小故事

美國紐約有一名十七歲女孩瑪莉拉・亞瑟維多，她因案被傳喚到地方法院接受審訊；可是當法官開庭審理時，瑪莉拉的手機竟然響了，現場鈴聲大作，氣得法官火冒三丈！

因為，在開庭前，法官就警告法庭內的所有人士，務必要關掉手機，而且還說：「如果你不知道如何關機，就請到外面去，用鞋跟對付它。」

可是，瑪莉拉顯然沒把法官的話聽進去，所以，當她的手機鈴聲響時，法官很不悅地問她：「妳認為我是在跟妳開玩笑嗎？」

瑪莉拉辯稱，她以為她已經關機了，可是法官不聽她解釋，並指責她藐視法庭，當場判她「監禁二十一天」；後來，再加上原先被指控「持有違禁品」和「行為不檢」，瑪莉拉總共被該法官判處監禁四十五天。

事實上，美國法官看重的是「自重、自律」的態度；一個人若上了法庭，還不知自律、自重，也不知尊重他人，任憑手機響，難怪法官會發飆、重罰。

☆

許多老闆都認為，部屬的「做事態度」和「敬業精神」十分重要，如果部屬的態度是隨便敷衍，做事輕率、不用心，那麼，即使他再怎麼聰明，也不會被重用、提拔。

換個角度來看，影星演戲不也都要態度積極、認真、敬業？看看美國影星芮妮．齊薇格在拍「BJ單身日記」時，故意增胖九公斤，後來又為擔任「芝加哥」女主角，努力減肥；湯姆．漢克斯也為「浩劫重生」電影先胖後瘦了二十三公斤。

影星想要「狂瘦暴肥」，其實都是因著「信念」和「敬業」，認真地在演戲，才能成功，一般人可是不容易做到啊！

也因此，「幸運，是自己爭取來的；成功，是自己打拚來的。」

「一個人必須積極、用功、認真、敬業，才能「讓幸運找上你」啊！

人生決勝點

01

「積極、敬業、熱忱」，常是別人評價我們的指標。

02

「幸運，是自己爭取來的；成功，是自己打拚來的。」

03

一個人必須積極、用功、認真、敬業，才能「讓幸運找上你」！

父母所該傳給兒女的，
不是金錢，而是知識與智慧。
因為，傳家之寶若只是金錢，
總會坐吃山空、揮霍殆盡；
只有教給孩子的「知識、自信
與智慧」，
才是一生受用不盡的財富呀！

22

要當一隻飛越寒冬的孤雁

「智慧與翅膀」是送給孩子的最佳禮物

又是驪歌初唱的季節，各校都已陸續地在舉辦畢業典禮。有個女性朋友打電話來，很興奮地對我說：「戴老師，我女兒小學畢業，她竟拿到『特殊市長獎』耶！」

我一時之間，也搞不清楚什麼叫「特殊市長獎」？她說，各班學科成績第一名，都可以拿「市長獎」；但是學科成績之外，再加上才藝表現第一名，才能拿「特殊市長獎」，全校只有一位哦！哇，太棒了，這媽媽真是功不可沒呀！

也有一家公司總經理楊鴻彰對我說，他兒子今年高中畢業，也拿到台北市市長獎，已甄試考上台大化學系；而且，女兒暑假也要到德國唸博士班了！天哪，怎麼別人的小孩都這麼棒、這麼聰明？

楊總經理對我說，從孩子唸小學開始，他一直都很熱心地參與孩子學校的活動——「你知道嗎，很多父母都不太參加家長會的活動，可是，一個老師的時間和精力有限，如果父母都不關心自己孩子學校的事，老師怎麼會特別關心你的小孩呢？特別是，爸爸都忙於自己的事業，所以家長會經常只有媽媽、或阿公阿嬤來參加；可是，只要爸爸來參加，就很容易被選為家長會長或副會長，就會和校方有密切的互動關係。」

的確，若父母熱衷參與學校事務，就能掌握孩子的學習動態，也能和老師產生良好的互動；而且，從其他家長口中，也可以吸收到教養孩子的方法。

孩子的優秀，是教出來的

事實上，父母所說的話，孩子不一定願意聽，但是，父母熱心、關心學校的事務和活動，孩子會看得到，也會引以為榮；也因此，孩子在同儕中，就會受到尊重、不會被欺負。

「你知道嗎，我孩子的聯絡簿，都是我在簽名的。」楊總經理認真地對我說：「除非我出國、出差，否則我老婆一定把聯絡簿的簽名留給我簽。她說，孩子是兩個人的，為什麼只要她簽？所以，雖然我每天很晚回去，但還是會看孩子的聯絡簿，也寫上一些謝謝老師的話，然後簽名，再去洗衣服……」

「啊，你還洗衣服？」我問。

「對啊，我們家有個規定，誰最晚洗澡，誰就要把衣服丟進洗衣機裡洗。因為，『家事』就是『全家人的事』。而且，這樣也不錯啊！譬如，我看到兒子的褲子膝蓋處磨破了，就知道他可能跌倒了、擦傷了；進臥房一看，果真，兒子打籃球膝蓋擦破皮了……」

真的，孩子的成長，父母都必須付出時間與關心，相信孩子也都會看在眼裡，也感激在心裡。

所以，孩子的優秀，是教出來的，也是父母認真付出所換來的。

完勝人生
小故事

在法國馬賽，有一名醫生很喜歡上網聊天，他化名為「快樂王子」，在網站的聊天室裡結識了一名叫作「甜蜜的茱麗葉」的女網友。

在聊天後，雙方都覺得相談甚歡、談得很投機；甚至，男醫生覺得，這女網友非常了解他，所以兩人愈聊愈契合。

六個月後，這對男女終於決定見面了。當他們抵達約定地點後，您知道他們是誰嗎？我想，您一定猜不到。這男醫生竟然發現——自己鍾愛的「甜蜜的茱麗葉」，竟然是他的母親！

☆

天哪，老媽子一看，「快樂王子」居然是自己的兒子，馬上一陣尖叫！結果，他們的尖叫聲，驚動了附近的警察，就把兩人帶回警局訊問，也扯出了這段「網路交友」的奇聞。

想來，這對母子大概平時都很喜歡打電腦、上網。

其實，父母的身教與言教很重要，而父母所該傳給兒女的，最重要的不是金錢，而是知識、自信與智慧。因為，「傳家之寶」若只是金錢，總會坐吃山空、揮霍殆盡；可是，教育給孩子的「知識、自信與智慧」，卻是一生受用不盡的財富啊！

所以，美國人說：**「送給孩子的最佳禮物是『智慧與翅膀』，讓他們得以展現自信、勇敢飛翔。」**

☆

台灣首富郭台銘先生曾講一個故事——他在美國時，每年夏天都會全家人一起到黃石公園玩，而女兒最喜歡在那裡餵鴿子。

有一年，他們再到黃石公園玩時，突然看見豎立著「禁止餵食鴿子」的牌子。

他問管理員，為什麼不能餵食鴿子？

管理員告訴他說，去年冬天的一場大雪之後，當地的鴿子全都死光了！原因是，鴿子平常習慣於人類的餵食，所以失去了自己覓食的能力；可是，大雪來臨時，沒人餵食，鴿子全都沒有辦法度過寒冬，於是都餓死了。

也因此，郭台銘領悟到——**「不要當一隻習慣被餵養的鴿子，而要當一隻能自己飛越寒冬的孤雁。」**

的確，父母不能一直「溺愛、寵愛、縱容」孩子，而是要訓練孩子獨立成長，使他擁有知識與智慧、做人處事能力、以及正確的價值觀，也讓他成為一隻能「飛越寒冬的雁子」。

人生決勝點

01

父母所該傳給兒女的，最重要的不是金錢，而是「知識、自信與智慧」。

02

不要當一隻習慣被餵養的鴿子，而要當一隻能自己飛越寒冬的孤雁。

03

父母不能一直「溺愛、縱容」孩子，而是要訓練孩子獨立成長。

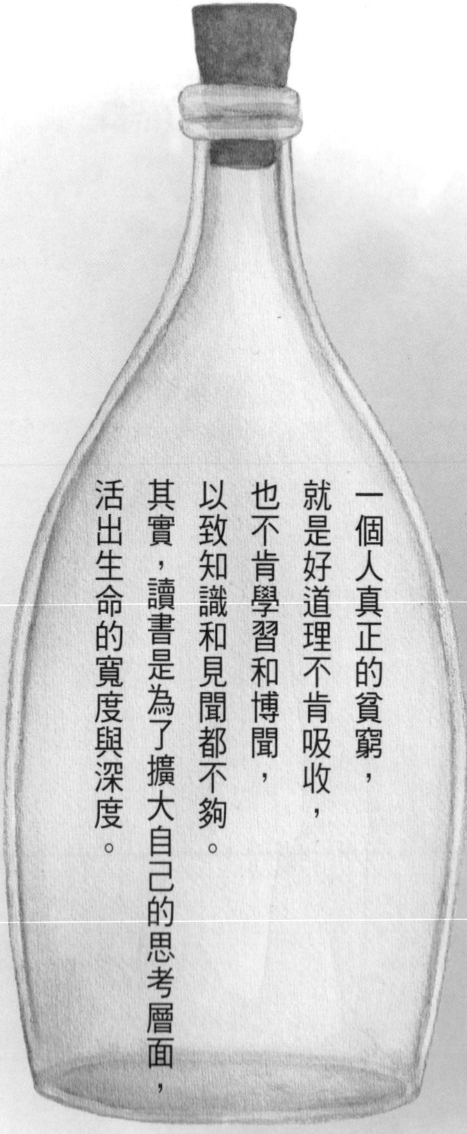

一個人真正的貧窮，
就是好道理不肯吸收，
也不肯學習和博聞，
以致知識和見聞都不夠。
其實，讀書是為了擴大自己的思考層面，
活出生命的寬度與深度。

23

「品牌、專利、人才」是致勝三寶

知識就是「優勢」和「力量」

因為工作的關係，我比較少送孩子上學；可是，有一次，我和內人一起送唸小一的兒子到學校去，在校門口，遇見一位也來送孫子的老伯伯。老伯伯對我說：「你兒子看起來很聰明，來，這張紙送給你兒子參考。」

我接過那張便條紙，上面寫著密密麻麻的字，我不以為意地收下。到了辦公室，仔細看了便條紙上的字，是老伯伯用心、工整的筆跡，寫著——

一、過去不讀書、現在已經輸；現在不讀書、將來還會輸。

二、不能不讀書、不要怕讀書；讀書無捷徑、只要下功夫。

三、讀書要及時、不能再誤時；現在就開始、永遠不嫌遲。

四、有錢多買書、有閒多讀書；現在多讀書、將來不會輸。

哈，老伯伯真是有意思，寫了這麼多和「讀書」相關、有押韻的詞句，來勉勵青少年和年幼的孩子，真是有心啊！

看到這裡，突然想起，過去許多棒球國手，在超過一定的年齡之後，就無法再打球了；可是，沒有好學歷，也沒有一技之長，怎麼辦呢？人生還很長，日子還是要過啊！於是，有些人到市政府養工處，當起修補馬路的工人；有人賣起便當；有人則是選擇再進修。

過去棒球王牌投手陳義信，雖然不再打球，仍用功地到研究所進修；雅典奧運跆拳道金牌選手陳詩欣，也到研究所念書、畢業，以補足學識上的不足。

靠著讀書的力量，激勵自己

聽說，咱們球場上的選手，有個不成文的習慣，就是球員不碰書，因為「書」與「輸」同音，很怕書唸多了，會「帶塞」（台語）。

然而，現在當紅的網球女將詹詠然，她卻經常買書、看書；她說，勵志書中有許多觀念，都讓她在球場或逆境中，產生無比的鼓舞和激勵的力量。

其實，選手的運動生命是有限的，不可能一輩子打球或賽跑；可是多讀書，卻是一輩子受用無窮，可以讓自己的生命更寬廣。

所以，高希均教授曾說：「**無用的人，靠讀書的力量，不再無用；庸俗的人，靠讀書的力量，不再庸俗。**」

的確，一個人多讀書，就可以變化氣質、增進知識，甚至改變命運。

噢，對了，先前提到那位老伯伯的手寫便條紙上，後面還有四句話——

五、讀書能努力、越讀越有趣；讀書一有趣、就會更努力。

六、讀書像練功、不能不用功；若想要成功、就要下苦功。

七、讀書能用功、道理容易通；道理一旦通、讀書就輕鬆。

八、讀書讀得好、工作就好找；工作找得好、生活會更好。

完勝人生小故事

美國的康乃迪克州有兩所中學，為了改掉學生講髒話的惡習，祭出「重罰政策」；學生如果濫用髒話辱罵學生、老師或校方職員，就會被開「一百零三美元」（約台幣三千五百元）的罰單。

位於康州首府的巴克利中學和哈特福公立中學，自從執行這項嚴罰政策後，已開出二十多張罰單；假如學生遲遲不交罰款，校方就會開出傳票，傳喚他們出庭，罪名是「擾亂公共秩序」。其中一名校長說，現在他們校園安靜多了，許多被重罰的學生，都保證自己以後不敢再出言不遜了。

這，真是個有趣的處罰規定。另外，在英國的里汀市，也有一項有趣的規定，就是在圖書館念書時，不能打瞌睡，否則要處以十英鎊的罰款。

天哪，念書唸累了，稍微閉目養神、或趴在書桌上休息一下也不行嗎？不行，因為該市的法律規定，在圖書館看書時睡覺，是侮辱書本作者的行為。

哈，這也是個有趣的規定，但不知道此規定是不是有確實、認真執行？

☆

其實，**知識就是「優勢」，知識就是「力量」**。

我曾寫了一篇有關「要多讀書」的文章，後來編輯給它下了個標題——「不讀書，一定輸！」

文章刊登於報上後，引來部份讀者反對的意見，認為「不讀書」，並不表示將來「一定會輸、不會成功」；很多人不會念書，卻很努力做事、很有創意地開發新產品，也能賺很多錢。

的確，人不是只有「會念書」才會有成就，因為「行行出狀元」呀！

不過，我認為，「不讀書，一定輸」，這裡的「不讀書」代表的不是指學校文憑，而是廣義地指一個人在平日中，不懂得再進修、再閱讀、再學習，也不懂得從書中汲取別人的成功經驗和智慧。

所以，有人說：「真正的貧窮，就是好話不肯聽、好道理不肯吸收，以至於不肯學習、不肯博聞，知識見聞都不足夠！」

在我們現今社會，「**品牌、專利、人才**」是**最重要的致勝三寶**。我們是人才嗎？我們必須努力充實自己，成為一個有競爭力的人才，才會有好將來呀！

人生決勝點

01

無用的人，靠讀書的力量，不再無用；庸俗的人，靠讀書的力量，不再庸俗。

02

讀書，可以變化氣質、增進知識，甚至改變命運。

03

知識就是「優勢」，知識就是「力量」。

第5章

有自尊，就會受人敬重

自尊，是一個人成功的基石；但不能夜郎自大、高傲自滿。

人只要「有料、有才華、有實力」，
就會受人尊敬、大受歡迎。
然而我們在看重自己之餘，
也必須「誠實地面對自己的弱點」、
「謙卑地學習他人的優點」，
絕不能高傲自大、目中無人。
因為人往往在「無」時成功，
卻在「有」時失敗。

有一位知名的運動教練說：
「就經驗來看，
百分之八十的選手，
不是被其他更優秀的選手打敗，
而是敗在自己的失誤，
以致讓該到手的金牌飛掉了！」

24

想抓住兩隻兔子，必一無所獲

「專注」是成功的必要條件

我是一個喜歡安靜的人，平時不愛說話；在很多人聚會時，我也大都是安靜地聽別人講。說真的，我不是一個「領導型」的人，在聚會中，我也很少是主角、或是大家眼光注目的焦點，因為，我不是個滔滔不絕、口若懸河、或善於搞笑的人。

然而，在台上，我的表現是不一樣的！

曾有一名政府高層官員對我說：「戴老師，我以為你只會寫文章，不太會演講，因為我看你在台下都是很安靜、不太說話；可是，沒想到你一上台，竟然那麼有魅力、那麼吸引人……你在台上和台下，完全是兩個不一樣的人！」

的確，從小我就不愛說話。我的父親生前常在和別人談到我時，總是會說：「我這個兒子啊，從小就是靜靜的，不太愛講話……」

可是，「不太愛講話」不是等於「不太會說話」哦！

而且，一個「愛說話」的人，不一定「會說話」喲！

過去當學生時，在台下，我常常第一個主動舉手；而且，去聽演講、在問答時間，我也會勇敢地舉手發問。

為什麼呢？因為，我在訓練我自己。只要我勇敢舉手、站起來講話，這「舞台」就是我的，這「時間」就屬於我，我就要學著讓自己從容、鎮定地站起來說話，講得有內容、有條理……

也因此，在藝專念書時，我就「主動」報名參加演講比賽、詩歌朗誦比賽，或是即席演講比賽。儘管當時都沒有得名，但我不能放棄，我還是堅信——只要我勇敢地站到台上，就是戰勝自己，就是克服自己的心理障礙。

人不要像一隻鴨子，要像老鷹

後來，我拿了全校演講比賽第一名，也拿了全縣演講比賽第一名，並被選為「青年節慶祝大會主席」。那，是值得我興奮和回憶的過往。後來，我也在畢業典禮上，擔任畢業生致答辭的代表。

真的，我不要在台下吱吱喳喳地說話，而是要站在台上，勇敢地、風光地、大方地說話。就如同以前長輩教導我們的——

人，不要像一隻「鴨子」一樣，只在地上呱呱叫，跑也跑不快、游也游不遠。人，就是要像「老鷹」一樣，不多話、不呱呱亂叫，而只是「安靜、優雅、從容地」在天空中飛翔。而牠，眼睛十分銳利，專注地盯看各種可能的獵物，只要機會一來臨，牠就可以大展身手，俯衝攫取地上的獵物！

今天請教別人，明天可以勝過別人

其實，我們每天都要「倒空」自己，讓自己成為一個「空碗」。因為，只有讓自己成為一個「空碗」，才能使自己不斷地學習別人的優點，而裝下更多的知識與智慧。

也因此，「主動請教別人」、「多製造別人說話的機會」就成為我學習的方法。

在當學生時，我就曾主動請求中廣的名播報員，指導我的國語播音；我每星期和他見面一次，準備十分鐘的錄音帶，請他為我指導；而為了這十分鐘的錄音，我得花上四、五個小時不停地練習。

我也曾主動地到報社，請一些知名的作家、主編，為我批改作文。雖然，我知道我的文章寫得不夠好，但是，我很用心、也不怕丟臉，因為，別人肯花時間聽我的錄音、批看我的文章，並給我指導，就是我最大的福氣啊！

所以，**「今天請教別人，明天就可以勝過別人。」**

假如，自己不敢發問、不敢請教別人，我們如何能進步呢？因此，**「問題是沒有愚蠢的，只有我不問問題時，才是愚蠢的。」**

我曾經採訪一位年輕人，他因擄人勒索、綁架別人而被判處無期徒刑；可是，他在監獄裡苦讀十年後，終於得到報考大學的機會。後來，他如願地考上

「台大」。

他對我說，當年英文的高標準是五十一分，他則考了五十五分；而且，他每一科「全都超過高標準」。

天哪，我好慚愧、好汗顏哦！因為，我以前聯考時，英文才考十一分；而且，兩次聯考都落榜。

所以，**「專注，是一個人成功的必要條件。」**不專注的人，**「吃一、挾二、看三、想四」**，是不會成功的！

因為，**「想抓住兩隻兔子的人，將會一無所獲」**，不是嗎？

人生，有太多值得學習的「人和事」。

我，是個平凡的寫作人，但我希望，透過自己的「眼」和「口」，多觀察、多發問、多請教，來寫出更好的故事和啟示。因為，**「每個人都有缺點，但不能沒成就」**啊！

既然上帝賜給我「好眼、好口、好筆」，我就得多用心並加以發揮！

完勝人生

小故事

報載，有一位林暢考先生，高職畢業後，在汽車廠工作，後來又轉行開計程車。可是，他不滿足於他的工作，於是自費到美國學開飛機，而取得「單引擎飛機駕駛執照」。

回台後，他進入一家航空公司當空服員，下班後，也繼續開計程車來賺取學費。可是，林暢考壯志凌九霄，他希望有一天能開真正的大飛機，所以又兩度自費到洛杉磯學習、進修；晚上則住在一晚二十美金的車庫裡，沒有暖氣空調，半夜經常冷到睡不著。

可是，努力付出是有代價的，他最後考取了最關鍵的「商用飛行執照」返台；再加上考取民航局飛行執照後，他就可以進入航空公司擔任副駕駛，一圓翱翔天際的飛行夢。

你我的人生，都是在為自己的生命打根基，但是，「千萬別讓自己的目標和夢想變小了」，也不能讓自己的行動意志力，變成「只說不做的口號」。

曾有一位知名運動教練說：「就經驗來看，百分之八十的選手，不是被其他更優秀的選手打敗，而是敗在自己的失誤。」

的確，選手的失誤，常使該到手的獎牌飛掉。可是，一個人的懶散、不積極，沒有行動力、沒有執行力，也會使自己該有的成就和獎牌飛掉呀！

人生決勝點

01

每天都要倒空自己，讓自己成為一個「空碗」，裝下更多知識與智慧。

02

千萬別讓自己的目標和夢想變小了！

03

自認是「小材大用」，不斷地虛心請教長官、同仁，才會成功。

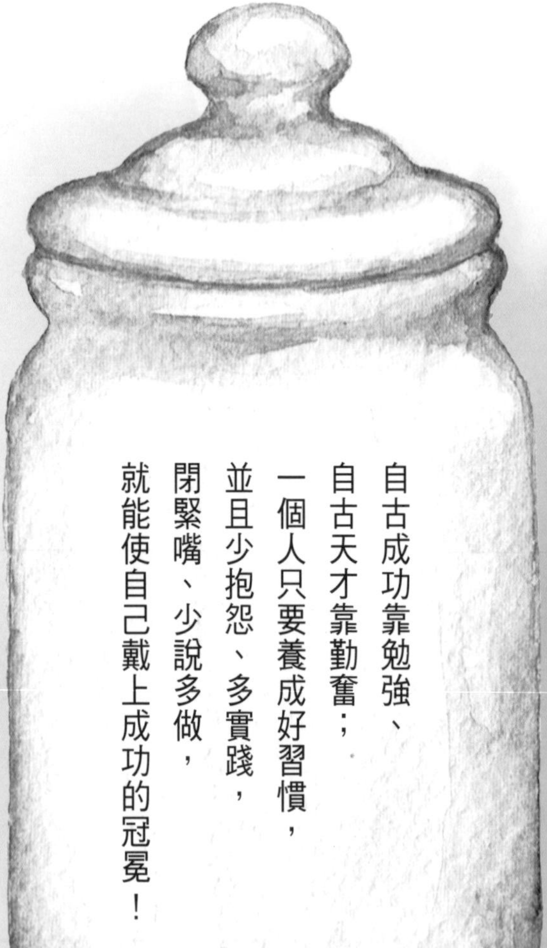

自古成功靠勉強、
自古天才靠勤奮；
一個人只要養成好習慣，
並且少抱怨、多實踐，
閉緊嘴、少說多做，
就能使自己戴上成功的冠冕！

25 把他人智慧，放進自己的腦袋

成功的冠冕，都是以荊棘編織而成

在演講台上，我通常會分享一些生活上的小笑話；講了五、六則之後，我問大家：「剛才我講的笑話，有記錄下來的請舉手？」結果，經常只有極少數的人有做筆記的習慣。

真的，**「超強的記憶，不如一支短短的筆。」**

大部份來聽演講的人，都只習慣性地坐在位子上聽，忘了「做記錄、寫筆記」是一件很重要的事啊！否則，一分鐘之後，聽過的話語，可能就忘記了。

所以，我常會請聽眾趕快拿出「筆和紙」來，趕快回想，剛才老師講了哪些笑話或重點，立刻寫下來，回去和朋友或家人分享；因為，寫下來、記下來之後，最重要的是要「活用出來」。只有融會貫通，懂得「內化」成為自己的知識，又能把它說出來，才會變成自己的智慧呀！

所以，**「記憶是短暫的，記錄才是長遠的。」**

當我們的年紀愈來愈大、記憶力愈來愈差時，我們如何只坐在台下，用看、用聽、用笑，卻不用心做筆記、寫下來呢？豈不知，**「台上三分鐘，台下十年功」**？每個人都必須抓住機會，用心地去學習別人的長處和優點啊！

記憶是短暫的，記錄才是長遠的

最近，又有一家知名電子公司邀請我去演講，承辦人說：「戴老師，可不可以請您趕快將演講的『講義』傳給我？」

「我不是兩個禮拜前就傳給妳了嗎？」我說。

「您先前傳的是『題綱』，現在我們要的是『講義』啊！」女承辦人說：「您上課時的內容，還有電腦要播出來的資料，是不是可以先提供給我？」

「對不起，我所能提供的，最多只有『題綱』而已。來聽講的人，在上課時，必須自己寫筆記，我不能將上課的內容重點，都印發給大家；知識，是要自己用心去學習和記錄的。」我說。

如果，我們不養成「記錄」的習慣，只依賴別人將講義印發給你；那麼，在其他場合，你還是不會用心去觀察、去思考、去記錄呀！

其實，許多的學習和感動，並不是在「聽演講」或「上課」之時呀！開車時，聽到廣播裡的主持人，講了一個笑話、或是一句名言，例如：「**人不怕慢，只怕站；不怕老，只怕舊！**」或是「**信念造就一生，堅毅成就美夢。**」一聽到好的詞句，我們就要馬上把它寫下來，然後，在適當的時候把它運用出來。

要把「感動」化為「行動」

很多人曾問我：「戴老師，你怎麼有辦法寫那麼多的書，而且書中的故事都很有趣、很感人，你那些題材都是從哪裡來的啊？」

這十年來，如果我有一些小小的成績，我要說——我自己很用心學習。而且，「寫筆記、做記錄、多觀察、多閱讀」，讓我不斷地成長。

也因此，我不管到哪裡去，身上一定會帶筆、紙。看電影，聽到好句子，趕快寫下來；餐桌上，聽到朋友說些如珠妙語，立刻寫下來。沒有筆？趕快去借！沒有紙？「餐巾紙」也可以寫，「統一發票」也可以寫。

因為，「**心不難，事就不難！**」

很多人都覺得，「面子」很重要——要去跟人家借筆、借紙，是多麼丟臉、不好意思呀！可是，不敢開口，就讓很多的智慧隨風飄逝了呀！

因此，**要把「感動」化為「行動」**。多少人空有感動，卻不知行動；甚至，那些「感動」只有幾秒、幾分、幾小時就過去了，如果不懂得記寫下來，或把它作為自己惕勵的目標，則再多的感動，都是惘然。

所以，每個人都必須養成「多觀察、勤記錄」的好習慣；因為，「好習慣，能夠讓我們更接近成功。」而且，「沒有好習慣，也會變成一種習慣哦！」

前些時候，我學到一句好話——**「困難、困難，困在家裡萬事難；出路、出路，出去走走就有路。」**

的確，窩困在家裡，事情自然變困難，也會變成「有腳行無步」。但是，只要有心、願意走出去，去聽聽演講、去主動請教別人、去看一場表演……真的，出去走走就有路、有感動、有學習。

所以，**我們都要把別人的智慧，放進自己的腦袋，並加以力行實踐呀！**

完勝人生
小故事

有一位個性任性、脾氣不好的大小姐，終於找到如意郎君，要嫁人了；準女婿很高興，特別去拜見未來的岳父母。

在新娘的家裡，準岳父把準女婿叫到一旁，憂心地對他說：「你記得，結婚以後，你一定要……」

準女婿看出岳父的愁容，立刻接口說道：「我知道，我知道，結婚以後，我一定會好好照顧她、疼惜她的。」

新娘的父親聽了，搖搖頭，以同情的眼神看著女婿說：「不，我的意思是說，結婚以後，你一定要……要小心，要好好照顧你自己、保護你自己！」

☆

哈，新娘脾氣不好，準岳父特別叮嚀女婿，千萬要記得保護自己。這是一則報上的笑話，我有剪報的習慣，將它剪貼了下來。

您知道嗎，「習慣有如雕刻師」，會把一個人的優點和缺點「累積起來」，而雕塑成一個人的形象。好習慣多了，譬如，孩子一回家就做功課，而後又拿出課外書閱讀，那麼，他一定會成為一個愛念書、廣泛閱讀、博覽群書的孩子。

相反地，有些人，一有空，就愛抽菸，一下班，就愛應酬喝酒；久而久之，他就染上壞習慣，也被自己雕刻、塑造成愛抽菸、酗酒的人。

最近，有一項報導指出——大量的發明，都來自夢中，所以許多科學家的床頭，也都放著紙和筆，以便在「想到」或「夢到」時，立刻記錄下來。

我不是發明家、也不是科學家，但我相信，大量閱讀、勤做筆記，是一個人智慧的來源啊！

最近大陸流行一則順口溜，是形容白領階級生活的辛苦——

「吃得比豬少、幹得比牛多、睡得比狗晚、起得比雞早。」

其實，不僅是白領階級工作很辛苦，各行各業的人若想要成功，工作都是很辛苦。也因此，「成功的冠冕，都是以荊棘編織而成」，一個人即使是天才，但若少了勤奮，就一定不會有榮耀、接受歡呼的一天。

所以，「自古成功靠勉強、自古天才靠勤奮」；一個人只要養成好習慣，「少抱怨、多實踐」，「閉緊嘴、少說多做」，就能使自己戴上成功的冠冕！

人生決勝點

01

養成「多觀察、勤記錄」的好習慣，將讓我們更接近成功。

02

我們要把別人的智慧，放進自己的腦袋，並加以力行實踐。

03

「習慣有如雕刻師」，會把一個人的優缺點累積起來，雕塑成個人形象。

老師以認真、嚴格的方式，
訓練孩子專注用心、獨立成長；
而且，凡事為自己負責，
不事事依賴老師、父母，
這對學生的人生態度，
會有正面的導引作用。

26

合理的嚴格，就是慈悲

身教重於言教，教出優秀

兒子唸小學一年級時，一天，把家庭作業某一部份忘記了，不知道該怎麼寫？內人問他：「要不要打電話問老師？」

兒子說：「我們老師不准同學打電話問老師家庭作業！」

「那要不要打電話問班上其他同學？」內人問道。

「不用了，忘記就算了，我寧願明天到學校給老師處罰！我自己忘記，就自己負責。」兒子一副大人的口吻說道。

後來，了解之後才知道，該老師認為，若孩子忘記作業內容為何，必須自己負責、或打電話問同學，不應該打電話到老師家詢問。這樣，才能夠訓練孩子用心、專心。

因為，學生上課時就必須將作業一次「記寫清楚」，不能事後再要求補救；

就像人生也有很多事，不能於事後再要求補救一樣。所以，不能讓小孩養成「事事有第二次補救機會」的習慣。

的確，這也是一種好的教育理念。因為，萬一每個孩子忘記作業該怎麼寫時，都打電話到老師家詢問，老師豈不被煩死了？老師家裡也有孩子需要教養、或有長輩需要奉養，在在都需要有自己清靜的空間和時間呀！而且，老師交代功課時，學生就必須專心、用心地記下來，絕不能依賴回家後再打電話詢問老師。

我在想，如果一個部屬，在老闆交辦工作之後，回到家裡，突然想到自己忘了老闆交代什麼，他豈能打電話問老闆：「老闆，您可不可以再告訴我一次，您交代我做什麼事情嗎？」老闆即使耐煩地再交代一次，但，這部屬在老闆的心目中，印象卻已經大打折扣了。

當兒子說「我忘記作業，我要自己負責，我不要問老師、也不要問同學」時，我覺得滿高興的，因為孩子知道，他必須為自己的行為負責；縱使被老師處罰，他也願意為自己的疏忽付出代價，下次他一定會更小心、更用心！

不同，不代表不對

事實上，每個老師都有自己的個性、想法和教育理念；有些老師不准學生打電話問作業，也有些老師「不告訴學生家裡電話」。這種作法或許有些家長不認同，然而，「不同」不代表「不對」，我們都必須尊重老師的思維和作法。而且，作風嚴格的老師，也常教出許多成績優秀的學生啊！

我相信，**「嚴格，也是一種慈悲。」**

老師以認真、嚴格的方式，來教導孩子，訓練孩子專注用心、獨立成長；而且凡事為自己負責、不事事依賴老師、父母，這對學生的人生態度，會有正面的導引作用。

後來，我看見兒子在老師嚴格的要求下，他的國字愈寫愈漂亮，心中甚是高興，也更體會到——「合理的嚴格，就是慈悲！」

完勝人生
小故事

根據大陸《重慶晨報》報導，湖南華容縣有一名「神童」魏x康，在兩歲時就認識一千多個漢字，八歲時連跳好幾級進入縣屬中學，十三歲時以高分考上湘潭大學物理系。二〇〇〇年，小魏十七歲時，則考上了中科院高能物理研究所碩博連讀研究生。

該報導中說，「神童」的媽媽認為，孩子只有專心讀書，將來才會有前途，所以她從來不讓孩子做家事。您知道嗎，小魏讀到高中時，吃飯還要媽媽餵；讀大學時，退休的媽媽還繼續陪兒子讀書，也幫兒子洗頭。

後來，念研究所時，小魏認為他已經長大，執意不要母親陪讀，就獨自前往北京就讀碩博士班。

可是，突然沒有了媽媽的照料，小魏竟無法安排自己的學習和生活，他有時赤腳走路，冬天也不知道要多加件衣服，整天只知道埋頭讀書，不跟其他人交往；學校考試時間更改了，他全然不知，也錯過了碩士畢業論文的提交日期。

三年後，小魏收到中科院寄給他一張「肄業通知書」，讓他簽收回老家。當小魏被退學後，他的母親才驚覺到自己的教育方式有錯誤；只是叫他讀書、不做家事、不懂與別人互動，最後反而讓他變成生活無法自理、被退學的「低能神童」。

☆

在《班上之最：亞裔父母如何教出好成績？你也辦得到》一書中，作者韓裔姊妹金淑與金珍，在美國分別擔任「醫師」與「律師」。她們在書中說，父母若是要孩子出人頭地，一定要「身教重於言教」、「說一不二」，而且要每天花時間盯著小孩的課業，也要少看電視。

這對金氏姊妹回顧父母過去嚴格的教育方式，不僅沒有抱怨，反而多所讚揚。她們說，剛移民到美國時，一放學，就得回家做功課，每週只能看電視一小時、每天只能講電話十五分鐘；寫完老師的功課，還要做父母的額外功課；平常還要練鋼琴，培養藝術造詣，而且也必須學做家事。

因此，**「合理的嚴格，才能教導出有成就的子女！」**相反地，過度的放縱、溺愛，卻教出「低能的神童」，又有何用呢？

人生決勝點

01

讓孩子知道，他必須為自己的行為負責；並為自己的疏忽付出代價。

02

合理的嚴格，就是慈悲，才能教導出有成就的兒女。

03

父母若是要孩子出人頭地，一定要「身教重於言教」、「說一不二」。

我們在看重自己之餘，
也必須「誠實地面對自己的弱點」，
「謙卑地學習他人的優點」，
絕不能高傲自大、目中無人，
因為，人往往在「無」時成功，
卻在「有」時失敗。

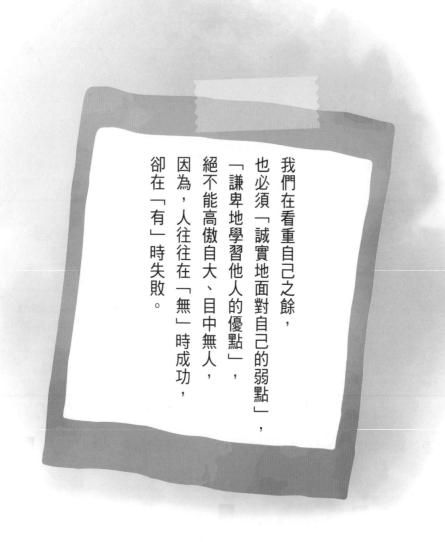

27

自尊，是一個人成功的基石

有才華、有實力，就會受人敬重

親愛的孩子，看到你和妹妹現在都累倒了，都在回台灣的飛機上睡著了。四天的新加坡之行，雖然時間很短，但我相信，你學習到很多。

你說，怎麼新加坡到處都是樹？是的，新加坡是個「花園城市」，每個地方都種植著翠綠的樹和花，讓這個身處赤道的極小國家，不會那麼炎熱。而且，接待我們的張叔叔說，即使是自家院子裡有一棵樹，也不能自己亂砍；砍任何一棵樹，都要提出申請、核准才行。

早上，我們坐了「水陸鴨子車」，我看到你們兄妹都好興奮，說真的，連我自己也覺得很新奇。因為我自己，也都還沒坐過這種「在陸地上是車子，下了水，卻變成船」的水陸兩用車。

我們坐著這種「鴨子車」，跑在大馬路上，遊覽市區，也經過茂密森林，再快速衝下新加坡河；在衝下河的那一剎那，坐在第一排的你們兄妹倆，都被濺起的河水浪花，噴得濕答答的，好驚喜、好意外是不是？

而在遊新加坡河時，你可以看到高聳矗立的摩天大廈，也看到設計奇特、榴槤造型的歌劇院，也有遊客如織的魚尾獅噴泉……

親愛的孩子，你問說，怎麼新加坡看不到一隻「流浪狗」？

張叔叔開玩笑說：「流浪狗都被抓去餵獅子了！」為了環境整潔，新加坡是不准有流浪狗的，否則，到處是狗大便、癩痢狗，環境怎能乾淨？張叔叔不也說，新加坡不准吃口香糖嗎？

當我們在排隊等計程車時，你很納悶地問說：「坐計程車為什麼要排隊？我們在台灣坐計程車，不是先搶先贏、先上車嗎？」哈，那是在台灣，先搶到先贏；可是，新加坡是個守秩序的國家，凡事都要排隊的呀！

國家雖小，但在世界上舉足輕重

在我們遊覽新加坡的這幾天，有個飯店警察戒備森嚴，那是因為「國際奧林匹克委員會」在那裡開會；世界上想爭取二〇一二年奧運會主辦權的國家領袖和知名運動員，都住在這裡，利用機會宣傳和開會，好熱鬧，是不是？

親愛的孩子，新加坡的面積，雖然只有台北市那麼大，可是他們的市容漂亮、整潔、守秩序、現代化、國際化，真是我們所不及的呀！

你還小，但爸爸要你看看這個「麻雀雖小」、但在世界上舉足輕重的國家；因為，他們「有料」，有許多值得遊覽的地方、環境又乾淨、整潔，建設也十分現代化，所以西方遊客絡繹不絕。

所以，兒子啊，你不要再說妹妹是「矮冬瓜」了，因為，你和爸爸也都不怎麼高呀！可是，個子矮有什麼關係？就像小小的新加坡一樣，人只要「有料、有才華、有實力」，就會受人尊敬、被人看重、大受歡迎，不是嗎？

完勝人生
小故事

有一個寓言說道：一群人在荒野上走著，他們的身上都背著又重又長的「十字架」。正當他們走得很疲累時，其中有一個聰明的人想到，幹嘛要背這麼重又長的十字架？把十字架鋸短，不是比較輕鬆嗎？

於是，這聰明的人就把木製十字架的兩端鋸短，果然，十字架變得很輕盈、好背多了。在嚐到甜頭後，這聰明的人又再把十字架鋸短一截，所以，他的十字架愈鋸愈短，背起來真是輕鬆。

後來，這群人來到了一個深深的鴻溝，跨不過去，於是大家都拿下背上的十字架當成可跨越木板，也都一一走過了鴻溝；可是，只有這個聰明人過不去，因為，他的十字架已經被他「鋸得太短」，以致不能跨越鴻溝的難關了。

有時候，我們自以為聰明，想背最輕、最短的十字架，所以不願意努力地下功夫、不願意用力打基礎，也不願意誠實面對自己的缺點，更不願意學習別人的優點，以致使自己的十字架愈鋸愈短。雖然這十字架變得很輕盈，但也可能讓我們以後「無法跨過鴻溝」啊！

十二年前，當上述我這篇旅遊新加坡的心得刊登在報紙上時，曾有讀者回應我說——新加坡是個「極權國家」，也是「嚴刑峻罰」的國家，不能拿來和台灣相提並論，希望我不要「長他人志氣，來滅自己威風」。

可是，我們真的要誠實面對自己的弱點呀！

台灣一、二十年來的政黨惡鬥和內耗，讓自己從亞洲四小龍居首位，變成小尾巴。當我在韓國旅行時，一名華人導遊感慨地說，他每次到台灣時，都感覺很難過，看韓國年年都在大幅躍進時，為什麼台灣進步這麼少，似乎都在原地踏步？

新加坡原為貧瘠之地，又有著險惡的外在環境，要向外國買水喝，如今的表現卻一路超越鄰國，近八、九年來，新加坡的國人年平均所得已達五萬四千美元，在全世界名列前茅，真令人敬佩又感慨呀！

而且，新加坡各級學校為引進頂尖人才，甚至到馬來西亞、台灣等地招考一流的學生，讓他們早日融入新加坡文化，並定居下來，台灣卻一直在排斥外來學生，留在台灣就業。

☆

事實上，**「自尊，是一個人成功的基石。」**

我們在看重自己之餘，也必須「誠實地面對自己的弱點」、「謙卑地學習他人的優點」，絕不能高傲自大、目中無人。

因為，**「人往往在『無』時成功，卻在『有』時失敗。」**

人生決勝點

01

人只要「有料、有才華、有實力」，就會受人尊敬、大受歡迎。

02

自尊，是一個人成功的基石。

03

在看重自己之餘，也必須「誠實面對自我弱點」、「謙卑學習他人優點」。

好話雖然好聽、動聽，
但壞話、醜話也要聽得進去；
一個自大、自滿、自傲的人，
就會走進自掘的陷阱裡。
「彩虹之美，在於多色並存；
人生之美，在於多人共榮！」

28

別躺在功勞簿上睡大覺

過去成功，不代表未來一定會成功

親愛的孩子，你馬上就要唸國小二年級了，而妹妹，也要唸小一了。你很聰明，經常四處觀察、問問題。在新加坡，你問說：「為什麼車子進入停車場或收費站，不必拿卡、也不必繳錢？」

其實，那不是不用繳錢，而是他們比較進步，利用電子感應器來自動扣繳錢。你看到我們所坐的每一輛計程車上，不都裝有感應器嗎？只要車子經過需要繳費的地方，他們的車子不必停下來，也不必刷什麼「悠遊卡」，就可以透過感應器自動扣繳錢。（十年後，台灣的高速公路也利用電子感應器，來自動扣款了。）

而且，新加坡是個彈丸城市，為了怕熱鬧的市區湧入太多車輛，他們的政府規定，「進入鬧區，車輛要額外多付費」；也就是當你進入某些熱鬧區域時，電子感應器就會分時段、自動扣繳你的錢，這樣，鬧區裡就不會大塞車了。

孩子，你又問：「為什麼有些車後面貼了一些貼紙，上面寫著六十、七十？」記得張叔叔告訴你的答案嗎，那就是告訴別人，這輛貨車或小型車，最快時速只能開到六十公里或七十公里。如果超速的話，怎麼辦呢？張叔叔說，超速時，車上有警示器，就會閃爍，也就會被警察取締。

孩子，你也去過日本，也看到日本的遊覽車或大卡車，都不會超速對不對？他們開車都很守法，他們的卡車或遊覽車上，都裝有「車速記錄器」，只要超速，就會被車上的電腦自動記錄下來，嚴重者，就會被老闆解雇。

人不能夜郎自大、高傲自滿

親愛的孩子，我們必須承認，咱們台灣，是一個不太懂得守法的國家，所以常會有「汽機車遇紅燈不停、公車壓碾路人、遊覽車翻覆、卡車撞死人」的慘劇發生。也因此，我們只能自求多福、小心翼翼，才不會遇上飛來橫禍啊！

另外，在新加坡的動物園裡，你和妹妹看到一群孔雀走在草坪上和路上，你們就好興奮，好想去摸一下孔雀漂亮的羽毛。在台灣，孔雀是被關在大籠子裡的，怎能自在地走在草坪裡、或快樂地跳飛？台灣若有孔雀被放出籠子，牠們的美麗羽毛，恐怕早就被拔光了！

孩子啊，爸爸讓你看看外面的世界，就是要讓你知道，我們不能過於滿足、自傲，而是要「看看別人、想想自己」；因為，比我們進步的國家有很多，我們要努力的空間仍然很大。

我們千萬不能夜郎自大、高傲自滿，因為，「自傲必敗、自大必辱」是永遠的真理啊！

完勝人生小故事

在上課中，總是有學生很愛講話，但也有學生從來就不講話、不開口、不發問，也不回答。

有個小學自然老師在上課時問道：「有誰知道水的三態是什麼？」

台下，有一個很愛講話的阿忠搶著回答說：「我知道，我知道，三態就是『太燙、太冷、太冰』」。

哈，太愛講話了，不經思考、脫口而出，準會出錯！

其實，人需要多觀察、多思索、多比較，才會多進步。

最近，我在出國旅行時，常會從飛機上看到別的國家的進步。例如：日本在海上填土造地，蓋出一個大阪關西國際機場來；韓國仁川，從飛機上俯瞰，也看到他們填土造地，向老天多要些土地，蓋出一個港口來；而以清潔、乾淨聞名的新加坡，也在小島上，蓋出世界第一個「無機垃圾掩埋場」。

在這座島上，因綠化十分徹底，所以聞不到一點垃圾臭味，讓人有如置身於風光明媚的渡假小島之中。

想想，台灣雖然是個寶島，但比起其他進步國家，我們還有許多改善的空間；我們絕不能太過驕傲、自滿或自大，更不能「躺在功勞簿上睡大覺」，因為，「過去的成功，並不代表未來一定會成功」，而且驕兵必敗呀！

以前台灣是有錢的，別人說，「台灣錢，淹腳目」；可是現在呢，到處是失業人口，經濟倒退，日子過不下去、自殺的人也愈來愈多，我們怎麼能不警惕呢？

☆

事實上，我絕不是「長他人志氣，來滅自己威風」，我只是有感於一位長輩曾告誡我說：「**好話雖然好聽、動聽，但壞**

話、醜話也要聽得進去，且放在心裡。」

真的，我們若只想聽好話，卻排斥對自己不利的壞話、建言或諍言，那麼，很可能會陷入自欺欺人的假象啊！

所以，一個自滿、自大、自傲的人，就會走進自掘的陷阱裡呀！

「彩虹之美，在於多色並存；人生之美，在於多人共榮！」

我喜歡旅行，看看世界各國的進步和真善美，也期許自己多看到自我缺點，也多學習他人進步之美。

人生決勝點

01

我們不能過於滿足、自傲，而是要「看看別人、想想自己」。

02

一個自滿、自大、自傲的人，就會走進自掘的陷阱裡。

03

「過去的成功，並不代表未來一定會成功」，而且驕兵必敗！

圖片來源

Shutterstock.com

Freepik.com

freepik、Creative_hat、mons.design、pikisuperstar、kjpargeter、photographeeasia

Depositphotos.com

artlu、VadimVasenin、cherju

illustAC

kakecco、ビスケット、animal-design、nonohana

Pixabay

stux

國家圖書館出版品預行編目資料

人生沒有如果，堅持就有好結果：讓你堅持信念，邁向成功之路的自勵心法！ / 戴晨志著 . -- 二版 . -- 臺中市 : 晨星 , 2020.08

面；　公分 . --（勁草生活；475）

ISBN 978-986-5529-12-3（平裝）

1. 成功法

177.2　　　　109006447

勁草生活 475

人生沒有如果，堅持就有好結果

讓你堅持信念，邁向成功之路的自勵心法！

作者	戴晨志
編輯	邱韻臻
美術設計	曾麗香
封面設計	李建國工作室
創辦人	陳銘民
發行所	晨星出版有限公司 台中市 407 工業區 30 路 1 號 TEL：(04)23595820　FAX：(04)23550581 行政院新聞局局版台業字第 2500 號
法律顧問	陳思成 律師
初版	西元 2016 年 07 月 01 日
二版	西元 2020 年 08 月 01 日
總經銷	知己圖書股份有限公司 106 台北市大安區辛亥路一段 30 號 9 樓 TEL：02-23672044 / 23672047　FAX：02-23635741 407 台中市西屯區工業 30 路 1 號 1 樓 TEL：04-23595819　FAX：04-23595493 E-mail：service@morningstar.com.tw 網路書店 http://www.morningstar.com.tw
訂購專線	02-23672044
郵政劃撥	15060393（知己圖書股份有限公司）
印刷	上好印刷股份有限公司

歡迎掃描 QR CODE
填線上回函

定價 350 **元**

ISBN 978-986-5529-12-3

Published by Morning Star Publishing Inc.
Printed in Taiwan